Wagner e il buddismo

Wagner e il buddismo

insieme al suo plagio in
Wagner e il nirvana

Urs App

UNIVERSITYMEDIA
2024

Library of Congress Cataloging-in-Publication Data
App, Urs, 1949–
     Wagner e il buddismo, insieme al suo plagio in Wagner e il nirvana /
     Urs App.
     p. cm.   — (UniversityMedia, East-West Discovery)
     Includes bibliographical references
     ISBN 978–3–906000–34–3 (acid-free paper)
     1. Richard Wagner (1813–1883).
     2. Literature—plagiarism—history of ideas.
     3. Music—Opera.
     4. Asia—Religion—Buddhism—19th century.
     5. Orientalism—Europe—Intellectual life—19th century.
     6. Philosophy—Schopenhauer—East-West relations.
     I. Title.

ISBN 978–3–906000–34–3

Statuetta del Buddha di Schopenhauer?
(Archivio della Biblioteca universitaria J. C. Senckenberg,
Francoforte Na 50). Foto della foto: Urs App. Vedi nota 51)

Wahrheit	=	Nirvâna	=	Nacht
Musik.	=	Bramâ	=	Dämmerung
Dichtkunst	=	Sansâra	=	Tag.

(Verità	=	Nirvâna	=	Notte
Musica.	=	Bramâ	=	Crepuscolo
Poesia	=	Sansâra	=	Giorno.)

T. 1: Richard Wagner: Nota nel *Libro Marrone*, maggio 1868
Fonte: vedi nota 46.

INDICE

Elenco delle tavole

Prefazione

Questo libro contiene il testo della mia conferenza del 15 dicembre 1996 in occasione del 140° anniversario dell'ideazione da parte di Richard Wagner di un progetto di opera buddista intitolata *Die Sieger* (I vincitori). La mia conferenza si è tenuta al Museo Rietberg di Zurigo, in Svizzera, costruito come villa della famiglia Wesendonck durante il lungo soggiorno di Wagner a Zurigo, e intimamente legato alla sua concezione di *Tristan und Isolde* e al progetto buddista qui descritto. La versione originale in tedesco di questa conferenza, corredata di note, tabella cronologica e bibliografia, è stata pubblicata nel 1997 dal Rietberg Museum con il titolo *Richard Wagner und der Buddhismus* (ISBN 3-907070-72-0).

Le versioni tedesca e inglese del testo sono state pubblicate con minori revisioni nel 2011 nella collana East-West Discovery di UniversityMedia: *Richard Wagner und der Buddhismus* (ISBN 978-3-906000-10-7) e *Richard Wagner and Buddhism* (ISBN 978-3-906000-00-8). Le prime influenze orientali sul mentore buddista di Wagner, Schopenhauer, sono oggetto di un altro libro di questa collana: Urs App, *Schopenhauers Kompass* (2011) ISBN 978-3-906000-02-2 e la versione aumentata inglese *Schopenhauer's Compass* (2014) ISBN 978-3-90600-03-9.

Verso la fine del 2023, sono stato informato che il mio nome occorre in un libro italiano intitolato *Wagner e il nirvana* di Giorgio Tagliabue (Roma: Albatros, 2022, ISBN 978-88-306-5808-0). Ho comprato il libro e ho trovato la seguente osservazione a pagina 72:

> "Mi ritengo in debito nei confronti del professor App, per le numerose e interessantissime riflessioni che ho fatto mie in questo scritto e per una in particolare, contenuta nella sua acuta analisi dei versi del finale del Ring dell'anno 1856. La riproduco qui di seguito, inframezzando i versi in essa contenuti con i temi, riportati in parentesi, ai quali, in assonanza con la filosofia buddhista, essi possono fare riferimento".

In una nota a piè di pagina, l'autore Tagliabue ha aggiunto informazioni su di me che aveva copiato da Wikipedia senza citare alcuna fonte. Ma la vera sorpresa è arrivata quando il testo della prima parte (da p. 52 a p. 103) mi è sembrato molto familiare. È risultato che il sig. Tagliabue si è appropriato non solo alcune delle mie "interessantissime riflessioni" (compresi i temi buddisti tra parentesi alle pp. 72-74), ma quasi tutto il mio libro—senza menzionare il suo titolo nemmeno una volta nelle più di cinquanta pagine plagiate!

Durante i miei anni come professore di buddismo in un'università giapponese, mi sono imbattuto in ogni tipo di plagio "minore" di studenti: passaggi leggermente riformulati, virgolette mancanti, riferimenti falsi o mancanti, eccetera - in breve, il tipo di plagio che recentemente ha fatto rimuovere Claudine Gay, presidente di Harvard. Ma non mi ero mai imbattuto in un plagio moderno di questa portata: il plagio di quasi un intero libro.

Ho avuto a che fare con molti plagi interessanti nella mia ricerca sulla storia delle idee, ma questo caso è così unico per molti aspetti che ho deciso di documentarlo dettagliatamente nell'interesse della scienza e della storia letteraria. Si tratta di un plagio globale e intenzionale da parte di un autore che non ha chiesto alcun permesso al vero autore o al suo editore, non cita nemmeno una volta l'opera originale, utilizza un testo con innumerevoli citazioni senza alcuna indicazione della loro fonte, e impiega le idee dell'opera plagiata come prima parte e spina dorsale di un libro di 412 pagine pubblicato a proprio nome.

Il metodo migliore per tale documentazione sembra essere quello di accostare la traduzione italiana completa del mio libro al plagio di Tagliabue. Questo accostamento mira a facilitare la comprensione, l'analisi e la valutazione di un caso di plagio da manuale. Per inciso, le mie riflessioni su Wagner e sul buddismo (che il signor Tagliabue ha trovato così interessanti da plagiarle e da basare il suo lavoro su di esse) vengono così messe a disposizione del pubblico italiano in modo completo e senza filtri.

Poiché Tagliabue sembra conoscere poco il buddismo e la storia della sua ricezione nell'Europa del XIX secolo, il lettore potrà anche beneficiare dai riferimenti alle fonti di tutte le citazioni, dei miei numerosi note, della tabella chronologica e delle parti importanti della mia argomentazione che Tagliabue ha deciso di omettere.

Desidero ringraziare mia amata moglie Eva Léandre per il suo incoraggiamento in questa impresa unica e per la sua accativante lotta per la creatività, l'arte e gli artisti. Questa versione italiana del mio testo è dedicata a lei.

Parigi, gennaio 2024   Urs App

Preface

This book contains the Italian version of my December 15, 1996 lecture on the occasion of the 140th anniversary of Richard Wagner's conception of a Buddhist opera project entitled *Die Sieger* (The Victors). The lecture was held at the Rietberg Museum in Zurich, Switzerland, which was built as residence of the Wesendonck family during Wagner's long stay in Zurich, and is intimately connected with his conception of *Tristan und Isolde* and the Buddhist project described here. The original German version of this lecture, complete with notes, chronological table and bibliography, was published in 1997 by the Rietberg Museum under the title *Richard Wagner und der Buddhismus* (ISBN 3-907070-72-0).

German and English versions of the text were published with some revisions in 2011 in UniversityMedia's East-West Discovery series: *Richard Wagner und der Buddhismus* (ISBN 978-3-906000-10-7) and *Richard Wagner and Buddhism* (ISBN 978-3-906000-00-8). Early Eastern influences on Wagner's Buddhist mentor Schopenhauer are the subject of another book in this series, Urs App, *Schopenhauers Kompass* (2011) ISBN 978-3-906000-02-2 and the augmented English version *Schopenhauer's Compass* (2014) ISBN 978-3-90600-03-9.

Toward the end of 2023 I was informed that my name occurs in an Italian book entitled *Wagner e il nirvana* by Giorgio Tagliabue (Rome: Albatros, 2022, ISBN 978-88-306-5808-0). I purchased the book and found the following remark on page 72:

"I feel indebted to Professor App, for the many very interesting reflections which I have made my own in this book and for one in particular, contained in his acute analysis of the verses of the ending of the *Ring* of the year 1856. I reproduce it below, interspersing the verses contained therein with the themes, given in parentheses, to which, in assonance with Buddhist philosophy, they may refer."

In a footnote, author Tagliabue adds information about my person that stems from Wikipedia, though no source is mentioned. However, the real surprise was how familiar the text of the first part (p. 52 to p. 103) appeared to me. It turned out that Mr. Tagliabue had appropriated not only some of my "very interesting reflections" (including the Buddhist themes in parentheses on pp. 72-74), but almost my entire book — without mentioning its title even once in more than fifty plagiarized pages!

During my years as a professor of Buddhism at a Japanese university, I encountered all kinds of "minor" plagiarism by students and colleagues: slightly rephrased passages, missing quotation marks, false or missing references, etc. — in short, the kind of plagiarism that recently got Dr. Claudine Gay, the president of Harvard University, into trouble. But I had never come across a modern plagiarism of this scale: the plagiarism of almost an entire book.

Though I have studied many interesting instances of plagiarism in my research on the history of ideas, this is an instance that merits detailed documentation in the interest of science and literary history. It is a textbook case of intentional global plagiarism by an author who did not ask for permission by the true author or his publisher, does not quote the original work even once, appropriated over fifty pages including countless quotations without any references and indication of their origin, and employs the ideas of the plagiarized work as the first part and backbone of a 412-page book published under his own name.

The most appropriate method for such documentation appears to the juxtaposition of a complete Italian translation of my book with Tagliabue's plagiarized text. This juxtaposition aims at facilitating the understanding, analysis, and evaluation of plagiarism. Incidentally, my reflections on Wagner and Buddhism (which Mr. Tagliabue found so interesting that he plagiarized them and based his work on them) are thus also made available to the Italian readership in an unfiltered and complete way.

As Mr. Tagliabue appears to have little familiarity with Buddhism and the history of its reception in 19th-century Europe, the reader may also benefit from the references to sources of all quotations, my numerous notes, the chronological table, and important parts of my argument that Mr. Tagliabue decided to omit.

I would like to thank my beloved wife Eva Léandre for her encouragement of this endeavor and for her valiant fight for creativity, art, and artists. This book is dedicated to her.

Paris, January 2024   Urs App

Wagner e il buddismo

insieme al suo plagio in
Wagner e il nirvana

Urs App
Richard Wagner and Buddhism
Rorschach / Kyoto:
UniversityMedia, 2011
ISBN 978-3-906000-00-8

[p. 11] IL PROGETTO DELL' OPERA BUDDISTA DI WAGNER

Alla fine di maggio del 1849, il trentaseienne rivoluzionario Richard Wagner era sull'elenco dei ricercati della polizia tedesca.

Con l'ausilio di un passaporto scaduto ottenuto da un amico, riuscì a fuggire nella mia cittadina natale, Rorschach, sulla sponda svizzera del Lago di Costanza.

Questa era anche la cittadina natale di Wilhelm Baumgartner, un noto compositore di canzoni che all'epoca era direttore musicale dell'Università di Zurigo. Wagner era già diventato famoso per le sue opere *Rienzi*, *L'olandese volante* e *Tannhäuser*, e presto avrebbe guadagnato ancora più ammiratori grazie a *Lohengrin*.

Il giorno seguente al suo arrivo in Svizzera, Baumgartner, un discepolo dell'amico di Wagner Franz

---

Giorgio Tagliabue
Wagner e il Nirvana
Come Parsifal salvò il mondo
Roma: Albatros, 2022
(pp. 52–103)
ISBN 978-88-306-5808-0

[p. 55] PARTE I

Nel maggio dell'anno 1849, il trentaseienne rivoluzionario Richard Wagner era già da tempo inserito nell'elenco dei ricercati della polizia sassone e su di lui pendeva un mandato di cattura e una consistente taglia. [...] Alla fine di quello stesso mese il giovane ex Kappelmeister di Sassonia, con l'ausilio di un passaporto scaduto ottenuto da un amico, riusciva a riparare nella cittadina di Rorschach, sulla sponda svizzera di quello che era l'antico *Lacus Venetus* [p. 56] dei Romani e che prendeva ora il nome di lago di Costanza.

La cittadina, oltre alla splendida posizione lacustre, per una fortuita combinazione, era anche il luogo natale di Wilhelm Baumgartner, un valido e ben noto musicista, direttore dello *Studentengesangverein* di Zurigo, che aveva avuto modo, a Dresda nell'anno 1845, di conoscere Wagner, che già a quel tempo era sufficientemente famoso, grazie alle sue prime opere: *Rienzi*, *Der fliegende Holländer* e *Tannhäuser*.

Con amichevole solerzia, il giorno seguente al suo arrivo in Svizzera, Baumgartner, devoto discepolo di

Liszt, presentava il compositore a due funzionari del governo di Zurigo appassionati di musica. Wagner intrattenne queste nuove conoscenze leggendo il libretto di un suo nuovo progetto intitolato La morte di Sigfrido (*Siegfrieds Tod*) - una storia che fu poi trasformata nel *Crepuscolo degli dei* (*Götterdämmerung*), la parte finale dell'*Anello del Nibelungo* di Wagner. Wagner affascinò il suo pubblico e beneficiò della procedura di rilascio del passaporto forse più breve della storia svizzera: la sera successiva il richiedente asilo politico era già in partenza per Parigi, munito di un passaporto svizzero per rifugiati.

Quando, alcuni mesi più tardi, il compositore si sistemerà a Zurigo, lo stesso Wilhelm Baumgartner gli portò un libretto del filosofo tedesco Ludwig Feuerbach intitolato *Pensieri sulla morte e l'immortalità* (*Gedanken über Tod und Unsterblichkeit*).

L'influenza di questa e di altre opere di Feuerbach [p. 12] risulta evidente nei primi scritti zurighesi di Wagner, in particolare nell'*Opera d'arte del futuro* (*Das Kunstwerk der Zukunft*), terminata nel novembre del 1849 e dedicata a Feuerbach.

Nel gennaio del 1851, proprio quando Wagner aveva terminato il suo libro *Oper und Drama* e lo aveva letto agli amici in una dozzina di serate, il rivoluzionario

Franz Liszt, presentava il compositore a due ufficiali del Governo elvetico, grandi amanti della musica. I due sarebbero stati intrattenuti, ben presto, da Wagner, con la lettura del suo progetto poetico chiamato *Siegfrieds Tod*, che sarebbe poi divenuto il *Götterdämmerung*, la parte conclusiva dell'immenso ciclo cosmico-musical-filosofico conosciuto come *Der Ring des Nibelungen*. Il musico-poeta riuscì ad incantare quel suo ristretto e selezionato uditorio al punto tale da poter ottenere quello che può essere considerato il più veloce passaporto che mai sia stato rilasciato nell'intera Confederazione Helvetica.

Quando, alcuni mesi più tardi, il compositore si sistemerà a Zurigo, sarà lo stesso Baumgartner ad introdurlo alla conoscenza degli scritti del filosofo tedesco Ludwig Feuerbach, con particolare riferimento ai *Pensieri sulla morte e l'immortalità*.

L'influenza che quest'opera esercita sul musicista risulta evidente dai suoi primi scritti zurighesi, come *Das Kunstwerk der Zukunft* che, una volta terminato, viene proprio [p. 57] dedicato al filosofo di Landshut: *Ludwig Feuerbach in dankbarer Verehrung gewidmet*.

Nel gennaio del 1851, proprio mentre Wagner appone le parole finali al suo saggio *Oper und Drama* e ne dà lettura ai suoi amici in una dozzina di serate, il poeta e poeta tedesco Georg Herwegh si stabilì a Zurigo. Herwegh era amico di Ludwig Feuerbach e di Karl Marx e divenne presto il compagno costante di Wagner nell'esilio svizzero.

Nell'estate del 1851, Wagner scrisse il saggio autobiografico *Un avviso ai miei amici* (*Eine Mitteilung an meine Freunde*) che inaugura un nuovo capitolo della sua vita artistica. Discutendo del conflitto tra i due personaggi principali della sua ultima opera *Lohengrin*, Elsa e Lohengrin, Wagner utilizza termini che tradiscono anche la profonda influenza di Feuerbach sul suo pensiero:

Qual è dunque la più caratteristica essenza di questa umana natura, alla quale l'anelito verso le più remote lontananze si rivolge per trovare l'unico compimento possibile? È la necessità dell'amore; e l'essenza di questo amore è, nella sua espressione più genuina, il desiderio della piena presenza sensuale, del godimento di un oggetto abbracciato saldamente e intimamente con tutti i sensi e con la potenza totale dell'esistenza reale. [p. 13]

Verso la fine del 1851, il delicato artista si sottopose ad una terapia per le sue malattie psicosomatiche presso il sanatorio Albisbrunn di Hausen am Albis, vicino a Zurigo, dove fu concepita la struttura generale del suo *Anello del Nibelungo*.

e rivoluzionario Georg Herwegh viene anch'esso a risiedere a Zurigo. Il poeta, amico di Ludwig Feuerbach e di Karl Marx, ha le caratteristiche culturali e morali per divenire ben presto un fidato compagno d'esilio del musicista.

Nell'estate del 1851 Wagner scrive quella intensa comunicazione autobiografica conosciuta come *Eine Mitteilung an meinen Freunden* che inaugura una nuova fase della sua vita artistica. In tale scritto, nel trattare del conflitto tra due personaggi principali di un suo nuovo dramma, come Elsa e Lohengrin, il musico-poeta tradisce la profonda influenza che il pensiero di Feuerbach sta esercitando su di lui:

Cos'è dunque la più caratteristica essenza di questa umana natura, alla quale il desiderio per le più remote lontananze, rivolge per il proprio possibile soddisfacimento? È il bisogno di amore e l'essenza di questo amore è, nella sua più vera espressione, l'anelito ad una piena realtà sensuale, verso il piacere che si afferra con tutti i sensi, [p. 58] con tutta la forza di una reale esistenza e con la piena e interiore comunione con l'oggetto di esso.

Verso la fine del 1851, il musicista, che si era appena sottoposto ad una terapia per alcune affezioni di origine psico-somatica nel sanatorio Albisbrunn di Hausen am Albis, un paesino a sud di Zurigo, al suo ritorno in città, tenta, assieme

Tornato a Zurigo, Wagner cercò insieme a Herwegh di convincere Ludwig Feuerbach a visitare Zurigo o addirittura a stabilirvisi. Non ci riuscirono.

In compenso, il ricco mercante di seta tedesco Otto Wesendonck e la sua giovane e bella moglie Mathilde arrivarono a Zurigo e acquistarono la favolosa proprietà sulla collina Gabler, che ancora oggi costituisce il più ampio parco di Zurigo. Mentre occupavano una suite nel miglior albergo della città, fu costruita la loro spaziosissima residenza (che oggi ospita il Museo Rietberg).

T. 3 Villa Wesendonck con "l'asilo" (casetta a destra), dove Wagner concepì in 1856 il progetto di un opera buddista *Die Sieger* (I vincitori). Foto: Kapp 1915, p. 128)

Mentre Minna, la moglie di Wagner, metteva a dura prova i nervi del compositore con i suoi "terribili litigi"[1], "l'occhio femminile umido e splendente" (*das feuchtglänzende Frauenauge*) di Mathilde Wesendonck lo riempiva di "nuova speranza" ed evocava nell'uomo tormentato [p. 14] "a volte una beata consapevolezza" della sua esistenza"[2].

all'amico Herwegh, di convincere Ludwig Feuerbach a visitare Zurigo, con la speranza di convincerlo a risiedervi. Una speranza che non avrà modo di sopravvivere al fallimento di quel primo tentativo.

A bilanciare tale fallimento, vi fu il fortunato evento che vide il ricco commerciante di sete tedesco Otto Wesendonk e la sua graziosa e affascinante consorte Mathilde giungere in città ed acquistare quella splendida proprietà che, ancor oggi, costituisce il più ampio parco di Zurigo.

Si dovette a tale evento il fatto che, al torturante stillicidio dei costanti diverbi con la moglie Minna, che mettevano il sistema nervoso del musicista a dura prova, a Wagner potesse essere offerto il balsamo di una dolce e amabile presenza femminile, come quella della signora Wesendonk, donna dal *feuchtglänzendes Frauenauge*, che riusciva a riempire di nuova speranza la vita di un uomo profondamente torturato.

All'inizio dell'estate del 1852 egli riversò i suoi sentimenti in passaggi del libretto della *Walküre* come le parole di Siegmund:

Notturna oscurità
ricopriva il mio occhio:
il raggio del suo sguardo
mi trapassava:
ho guadagnato calore e giorno.[3]

Tramite il suo compagno d'esilio Herwegh, Wagner conobbe il giornalista François Wille e sua moglie Eliza, che vivevano nella tenuta di Mariafeld a Meilen vicino a Zurigo. Lì, nel dicembre 1852, Wagner lesse per la prima volta in privato il suo poema dell'*Anello del Nibelungo*.

Alla fine dell'immenso poema, Brünnhilde, ormai di fronte alla morte, annuncia la sua conclusione:

Beato nella gioia e nel dolore,
ci lascia solo l'amore.
[Selig in Lust und Leid
lässt – die Liebe nur sein.]

Alcuni mesi più tardi, dopo la stampa privata a Zurigo di cinquanta esemplari del poema del Ring e ben prima che egli ne componesse la musica, Wagner spiegava all'amico Franz Liszt [p. 15] questi ultimi versi di Brunilde con parole intrise dell'ottimismo e dell'etica dell'amore di Feuerbach:

All'inizio dell'estate del 1852 egli già riversava il sentimento che tale donna alimentava in lui, nelle parole di Siegmund:

Notturna oscurità
ricopriva il mio occhio:
il raggio del suo sguardo [p. 59]
mi trapassava:
mi conquistai calore e giorno.

Ancora una volta tramite il compagno d'esilio Herwegh, Wagner ha modo di conoscere il giornalista François Wille e sua moglie Eliza, che vivono nel villaggio di Meilen, a pochi chilometri da Zurigo sulla sponda orientale del lago, e proprio a casa loro Wagner, nel dicembre 1852, legge il poema completo dell'Anello del Nibelungo.

Alla fine dell'immenso poema, Brunilde, ormai di fronte al termine ultimo della sua esistenza, la conclude con le parole:

Beato nella gioia e nel dolore,
lasciate che esista solo l'amore.

Alcuni mesi più tardi, dopo la stampa privata di cinquanta esemplari del poema del Ring e ben prima che egli ne componesse la musica, Wagner spiegava all'amico Franz Liszt le ultime espressioni di Brunilde con parole che erano profondamente intrise dell'ottimismo e dell'etica dell'amore di Feuerbach:

Ho fiducia nel futuro del genere umano e questa la traggo semplicemente da un mio bisogno. Sono riuscito a osservare con amore e imparzialità i fenomeni della natura e della storia e a sondarne la vera natura; e non ho trovato nulla di negativo in essi, se non la mancanza di amore. Ma anche questa mancanza d'amore, me la potevo solo spiegare come un'aberrazione che deve trasportarci dallo stato di incoscienza naturale alla conoscenza dell' unica e bella necessità dell'amore....[4]

Due giorni dopo questa lettera, Wagner si trasferì in un nuovo appartamento in Zeltweg n. 13 e non badò a spese per arredarlo. Mentre era in grado di vivere in modo relativamente spartano mentre scriveva testi, la composizione musicale richiedeva un ambiente lussuoso con tappeti pregiati, tende di velluto, vestaglie di seta e profumi pesanti.

Poco dopo questo trasferimento, l'artista festeggiò il suo quarantesimo compleanno con una lettura pubblica dei libretti de *L'olandese volante*, di *Tannhäuser* e di *Lohengrin* in tre serate, seguita da tre serate di concerti con estratti dalle medesime opere. Questa festa di compleanno [p. 16] costituì il culmine della vita musicale del XIX secolo nella città di Zurigo. I festeggiamenti, riportati in tutta Europa, si conclusero con una sfilata alla luce delle torce in onore dell'artista.

Io ho fiducia nel futuro del genere umano e questa la traggo semplicemente da un mio bisogno. Essa è il risultato dell'osservazione della Natura e della Storia con l'amore e la spontaneità della sua vera essenza, che nulla di cattivo può portare in sé, [p. 60] come l'assenza di amore. Anche questa mancanza di amore io me la potevo solo spiegare come un'aberrazione, come un errore che noi dobbiamo portare dalla condizione di una naturale incoscienza dell'unica splendida necessità dell' amore.

Appena due giorni dopo l'invio di questa lettera, Wagner entra nel suo nuovo appartamento in Zeltweg 13 e provvede ad ammobiliarlo con una certa frugalità.

Alcuni giorni [p. 61] più tardi il musicista celebra il suo quarantesimo compleanno con una lettura pubblica, tenuta in tre serate, dei poemi dell'Olandese volante, di Tannhäuser e di Lohengrin, seguita da tre concerti nei quali vengono eseguiti degli estratti dalle medesime opere. L'evento, che costituisce il momento più alto della vita musicale di quel tempo nella città di Zurigo, godette di un'ampia eco nell'intera Europa e fu concluso con una sfilata, alla luce delle torce, in onore dell'artista.

Nell'autunno del 1854, mentre Wagner si innamorava sempre più di Mathilde Wesendonck e riversava i suoi sentimenti nella composizione del primo atto di *Walküre*, l'amico Herwegh gli portò l'opera magna di Arthur Schopenhauer *Il mondo come volontà e rappresentazione*.	Nell'autunno del 1854, mentre Wagner s'immergeva sempre più profondamente nel rapporto amoroso con Mathilde Wesendonk, riversando questo appassionato e travolgente sentimento nel Primo Atto di *Walkyria*, è ancora una volta l'amico Georg Herwegh che gli fa dono dell'opera più significativa del filosofo Arthur Schopenhauer, *Il mondo come volontà e rappresentazione*.
Poco dopo, Wagner scrisse in una lettera:	A breve distanza dal ricevimento di quell'importante dono fattogli dall'amico, egli scrive in una lettera ad August [p. 62] Stöger:
"Venire a conoscenza delle opere del grande filosofo Schopenhauer, che per trentacinque anni è stato ignorato dai professori, è per me un immenso dono. Devi immediatamente procurarti le sue opere principali: 'Il mondo come volontà e rappresentazione' da Brockhaus a Lipsia, e 'Parerga und Paralipomena' da A. W. Hayn a Berlino." [5]	*"Sono venuto a conoscenza delle opere del grande filosofo Schopenhauer, che per trentacinque anni è stato accuratamente ignorato dai professori. Dovete immediatamente procurarvi le sue opere maggiori, Il mondo come volontà e rappresentazione, da Brockhaus di Lipsia, e Parerga e paralipomena da A.W. Hayn di Berlino".*
Poco dopo il completamento della bozza compositiva della *Walküre* (29 dicembre 1854), Wagner scrive che è stato Schopenhauer a render chiaro a lui il suo stesso poema dell'*Anello del Nibelungo*:	Appena dopo il completamento della bozza compositiva della *Walkyria*, Wagner scrive a Eliza Wille, dicendole che è stato Schopenhauer a render chiaro a lui il suo stesso poema:
"Tutto ciò che in me era già pronto e finito e che io avevo chiaramente espresso nel mio poema su Wotan [cioè l'Anello] - tutto divenne pienamente e distintamente consapevole [p. 17] attraverso questa	*"Tutto ciò che in me era già pronto e finito e che io avevo chiaramente espresso nel mio poema su Wotan, mi è divenuto pienamente comprensibile in ogni suo particolare attraverso questa chiara, profonda*

mente chiara, profonda e potente: l'unica e sola possibilità di salvezza attraverso la più severa rinuncia".[6]

Nelle opere di Schopenhauer non fosse il cristianesimo a essere salutato come "la migliore delle religioni possibili", bensì una religione che Wagner e molti suoi contemporanei non avevano mai preso in considerazione: il buddismo.

Schopenhauer non si stancava mai di sottolineare il meraviglioso accordo della sua filosofia con questa religione panasiatica, e questa visione influenzò Wagner per il resto della sua vita.[7]

Prima di passare allo studio del buddismo da parte di Wagner, che ha ispirato un interessante progetto operistico, dobbiamo quindi viaggiare indietro nel tempo fino all'anno 1813, quando Wagner nacque. Nell'autunno di quell'anno, il venticinquenne Schopenhauer prese in prestito dalla biblioteca della duchessa Anna-Amalia a Weimar due grossi volumi della prima rivista scientifica tedesca sugli studi asiatici, pubblicata nella stessa città nel 1802 e nel 1803. Questa rivista, *Das Asiatische Magazin*, conteneva un articolo non firmato su "La religione di Fo in Cina".[8]

e poderosa mente. Ho compreso così, che la prima e unica possibilità di salvezza risiede solo nella più totale rinuncia".

Non è da considerarsi casuale il fatto che, nell'ampia e complessa opera di Schopenhauer, non fosse certamente quella cristiana ad essere ritenuta *la miglior religione possibile*, bensì lo fosse proprio una di quelle che in Europa si andavano scoprendo lentamente grazie ad alcuni studiosi, ma che ancora faticava ad esser presa in considerazione a causa della semioscurità che gravava, per gran parte, su di essa: il buddhismo. Nei suoi scritti, il filosofo non si stancava mai di evidenziare l'intensa consonanza che il suo pensiero aveva con tale [p. 63] religione e tutta la sua profonda ammirazione per essa veniva a riversarsi, attraverso la sua opera, nella formazione filosofica del musicista.

Proprio nell'autunno dell'anno in cui il musico-poeta di Lipsia veniva alla luce, il venticinquenne Schopenhauer prendeva in prestito dalla biblioteca di Weimar due ponderosi volumi sui primi studi asiatici, che erano stati pubblicati nella medesima città negli anni 1802/1803. Questi, che erano raccolte del giornale *Das Asiatische Magazin*, contenevano anche un articolo non firmato, dal titolo: *La religione di Fo in Cina*.

Sebbene questo articolo sembrasse provenire dalla mano del giovane orientalista e direttore della rivista, Julius Klaproth, in realtà derivava quasi interamente dalla *Storia degli Unni* pubblicata dal francese Joseph de Guignes nel 1756.[9]

In ogni caso, Schopenhauer apprese che la religione di Fo - quella che oggi chiamiamo buddismo - è una delle più grandi religioni del mondo, poiché "tutti i popoli dal Mustag alla costa orientale del Giappone" l'hanno adottata "con più o meno modifiche". Si diceva che questa religione fosse diversa da quella dei brahmani e che il suo più alto rappresentante risiedesse in Tibet e si chiamasse "Dalai-Lahma". L'articolo spiegava anche che le dottrine fondamentali di questa religione sono la trasmigrazione delle anime e "l'insegnamento del vuoto e della vacuità" - cioè l'insegnamento che oggi è noto come dottrina *śūnyatā* del buddismo Mahāyāna. [p. 18]

Questo articolo, oltre a fornire informazioni sulla diffusione nel continente asiatico di tale religione, descriveva le differenze di questa dalla religione bramanica e indicava come dottrina basilare di essa la credenza nella trasmigrazione delle anime e l'insegnamento sulla *vacuità*, che oggi prende il nome, nel buddhismo mahāyāna, di *sunyata*.

Oltre a tali informazioni sul buddismo, *Das Asiatische Magazin* conteneva anche la prima traduzione in tedesco della *Bhagavad Gita*, il noto poema filosofico indiano.

A parte tali informazioni sul buddhismo, *Das Asiatische Magazin* conteneva anche la prima traduzione in tedesco del *Bhagavadgītā*, il ben conosciuto poema filosofico indiano, facente parte del grande poema epico Mahabharata. [p. 64]

In esso Schopenhauer incontrò idee che corrispondevano perfettamente alla sua concezione precoce di una doppia coscienza: una coscienza "empirica", legata

In esso Schopenhauer ritrovava le idee da lui concepite e comprendeva quanto questo si armonizzasse perfettamente con il pensiero filosofico da lui sviluppato. L'affinità

allo spazio, al tempo e alla causalità, e una "coscienza migliore", libera da tali costrizioni. Questo primo quadro filosofico ha svolto un ruolo importante nella formazione della matura metafisica della volontà di Schopenhauer.

Un quadro corrispondente è presente anche in Wagner. Il poeta francese e ammiratore di Wagner, Charles Baudelaire, ha spiegato che "Tannhäuser rappresenta la lotta di due principi il cui campo di battaglia principale è il cuore umano: la carne combatte con la mente, l'inferno con il paradiso e Satana con Dio".[10] Si può dire che il simbolismo del "giorno" e della "notte" nel *Tristano* di Wagner, che incontreremo di nuovo in seguito, mostri lo stesso schema.

Successivamente, Schopenhauer studiò la pionieristica traduzione latina delle Upanishad di Anquetil-Duperron, chiamata *Oupnek'hat*, pubblicata nel 1801-2 (vedi bibliografia). In una nota alla sua precedente traduzione francese di alcune Upanishad, Anquetil-Duperron spiegò l'insegnamento centrale dell'*Oupnek'hat* sulla *māyā* nei seguenti termini:

Ho confrontato ciò che viene detto sul maya negli Oupnek'hats nn. 6, 8, 13, 26, 41 e 50. Questo principio è il desiderio fondamentale [amour original], il desiderio di Brahm, dell'Atma, distinto e, per così dire, separato dalla conoscenza. Mesco-

che il filosofo andava scoprendo con lo studio del buddhismo era assai profonda e sarebbe apparsa in una nota dell'estate del 1816, quando il giovane stava fondando il suo sistema filosofico ed era in procinto di iniziare a scrivere la sua opera fondamentale.

lato a questa fonte di luce, la conoscenza, ha prodotto tutto ciò che esiste; cioè ha fatto e continua a far apparire individualmente tutti gli esseri, che quindi non sono altro che apparenze. L'uomo è convinto che si tratti di esseri individuali realmente esistenti: questa è l'ignoranza che nasce dalla māyā. In realtà, però, esiste una sola e unica sostanza che, in virtù di māyā, appare perennemente come la moltitudine di forme che costituisce l'universo attuale.[11]

In questa spiegazione di Anquetil troviamo gli elementi centrali del sistema filosofico di Schopenhauer, destinato a influenzare così profondamente Richard Wagner:

1. il suo *idealismo* - cioè il mondo come apparenza, l'illusione (*māyā*) e la distinzione tra volontà primaria e conoscenza secondaria;

2. il cosiddetto *pessimismo*[12] (desiderio fondamentale, peccato, mancanza di libertà, necessità di redenzione, illusione dell'io, egoismo); e

3. il suo *ottimismo* redentivo[13] (la salvezza attraverso la conoscenza, la rottura della *māyā* e la frantumazione dell'illusione di un "io" separato da un "altro").

Schopenhauer non poteva sapere quanto profondamente la traduzione latina e l'interpretazione di Anquetil-Duperron fossero informate dall'idealismo buddista indiano e dal misticismo islamico (sufismo). Infatti, le Upanishad utilizzate da Schopenhauer erano state tradotte per la prima volta dal sanscrito al persiano dalla squadra del principe ereditario della dinastia Moghul, Dārā Shikoh (1615-59), che era un noto sufi. Ma questa traduzione persiana conteneva anche molte interpretazioni del pensatore indiano dell'VIII secolo Shankara, profondamente influenzato dalla filosofia idealista buddista. Si può quindi affermare che anche la visione di Schopenhauer del "brahmanesimo" era - a sua insaputa - in qualche misura influenzata dalle idee buddiste. "L'amore fondamentale" (*amour original*) di Anquetil-Duperron corrisponde alla "sete" (*tṛṣṇā*) o "brama" (*taṇhā*) del Buddismo, e la sua ignoranza all'*avidyā*. L'affinità di Schopenhauer con gli insegnamenti del buddismo è evidente in una nota dell'estate del 1816, quando il giovane aveva trovato il suo sistema filosofico e stava per iniziare a scrivere la sua opera principale, [p. 20] *Il mondo come volontà e rappresentazione.*

Questa nota, scritta quando Wagner aveva tre anni, si legge quasi come un commento alla prima Nobile Verità del Buddismo, la verità che "tutto è sofferenza":	Questa nota, redatta quando Wagner aveva poco più di tre anni, potrebbe quasi essere letta come un commento alla Prima Nobile Verità del buddhismo; quella verità che dice che tutto è sofferenza.
La miseria della vita è già sufficientemente evidente nella semplice constatazione che la vita della maggior parte delle persone non è altro che una lotta continua per questa stessa esistenza, una lotta che si è certi di	*Le miserie della vita risultano già con evidenza dalla semplice osservazione che essa, per la maggior parte degli esseri, altro non è se non il costante combattimento per l'esistenza stessa, con la certezza di*

uscirne infine sconfitti.

Non appena l'angoscia si riduce e si è conquistata una parte del suo terreno, subentrano immediatamente un vuoto e una noia terribili, contro i quali la lotta è forse ancora più angosciante. La ragione di ciò è che l'uomo in sé non è altro che una manifestazione della volontà; quindi la sua esistenza deve necessariamente consistere in un incessante e irrequieto desiderio e sforzo. Quando questo desiderio e questo sforzo si placano attraverso il soddisfacimento, allora sopraggiunge il vuoto che lo rende un fardello per se stesso. [...] Il volere stesso, d'altronde, deve necessariamente basarsi su una carenza e quindi sulla sofferenza. Così la vita è, da tutti i punti di vista, essenzialmente sofferenza.[14] [p. 21]

Incontreremo presto questo "incessante e irrequieto desiderio e sforzo" nel commento di Wagner all'introduzione di *Tristano e Isotta*. La seconda delle Quattro Nobili Verità del Buddismo sembra quasi una glossa alla nota del giovane filosofo:

Questa, o monaci, è la Nobile Verità dell'origine della sofferenza: è l'avidità (taṇhā) che induce alla rinascita, piacevole e appassionata, che trova favore qui e là, cioè: l'avidità del piacere, l'avidità del divenire, l'avidità della impermanenza.[15]

Gli autori che hanno sottolineato la "qualità buddista" di *Tristano e Isotta* potrebbero notare che

uscirne infine sconfitti. [p. 65]

Non appena il bisogno è respinto e una parte di terreno è riconquistata, immediato giunge un vuoto sconvolgente e una noia opprimente, contro i quali, lo sforzo della battaglia diviene ben presto ancor più straziante. La ragione di ciò è che l'uomo in sé è una mera manifestazione della volontà, cosicché la sua essenza deve necessariamente consistere in un incessante desiderio e in un costante sforzo. Quando sia il rovello che il desiderio risultino soddisfatti, allora sopraggiunge il vuoto assoluto, che è esso stesso il vero fardello. [...] La volontà stessa, d'altronde, deve basarsi su una mancanza e, per conseguenza, sulla sofferenza. Così la vita, da ogni punto di vista, è sostanzialmente una sofferenza. [p. 66]

l'avidità di impermanenza è solo un'altra forma di sete o desiderio (*taṇhā*).[16] Ma nel nostro contesto è di estrema importanza notare che la parola *amour* (amore) nell'analisi di Anquetil-Duperron non è usata nel senso consueto, ma significa piuttosto "desiderio" o "brama" - un uso che corrisponde all' "incessante e irrequieto desiderio e sforzo" di Schopenhauer. L'*amour original* di Anquetil-Duperron indica la malattia più fondamentale dell'uomo, che si manifesta nella nozione di anima individuale e si esprime come egoismo. È questo "amour original" a costituire la base della *māyā*, l'illusione che abbraccia il mondo nelle Upanishad latine (*Oupnek'hat*). Schopenhauer non mancò di comprendere questo pensiero in tutta la sua profondità e scrisse nel § 60 de *Il mondo come volontà e rappresentazione*:

Il māyā degli indiani, la cui opera e tessuto forma l'intero mondo illusorio, è anch'esso parafrasato da **amor**.[17]

Attraverso le informazioni sul buddismo raccolte dal filosofo nel corso di diversi decenni e presentate ai lettori europei, tra cui Wagner e i suoi amici di Zurigo, il pubblico venne gradualmente a conoscenza di una religione dominante [p. 22] in gran parte dell'Asia. Sulla base delle spiegazioni di Burnouf, sia Schopenhauer che Wagner vedevano il Buddismo come una reli-

Attraverso tutta la conoscenza sul buddhismo che il filosofo aveva raccolto in alcuni decenni e che aveva introdotto in Europa, Wagner, i suoi amici di Zurigo ed una parte di studiosi potevano così avvicinarsi ad una religione diffusa in larga parte dell'Asia. Sulla base delle informazioni contenute nella *Introduction à l'histoire du Bouddhisme indien* di Eugen Burnouf, sia Schopenhauer

gione che si era liberata dell'immaginario complesso e confuso dell'Induismo per concentrarsi sull'essenziale:[18]

1. la sofferenza (*saṃsāra*, illusione, insoddisfazione), 2. la sua causa (il desiderio, l'avidità), 3. la sua cessazione (l'estinzione della sete, il *nirvāṇa*, la pace del cuore) e 4. il percorso per raggiungerla, che include vari linee guida.[19]

Schopenhauer amava particolarmente le scritture Mahāyāna dell'India, del Tibet e della Cina, in cui la suprema saggezza (*prajñā*) è comunemente accoppiata alla compassione (*karunā*).

Digerito da Wagner, avido lettore di Schopenhauer, tale coppia di principi divenne il fulcro del suo progetto di opera buddista e in seguito anche della frase chiave del *Parsifal* "*Durch Mitleid wissend*", cioè, "suprema sagezza attraverso la compassione".

Tale saggezza e compassione costituiscono anche il punto di fuga di un finale rivisitato del poema del ciclo dei Nibelunghi di Wagner che incontreremo tra poco. ("*sagezza attraverso la compassione*").

che Wagner vedevano il buddhismo come una religione sbucata fuori da una complessa e confusa raffigurazione dell'induismo, nel tentativo di focalizzarsi su quelli che venivano riconosciuti come gli elementi fondamentali attorno ai quali veniva ad addensarsi la loro riflessione: la sofferenza, l'origine di essa, la sua estinzione e la via per ottenerla.

Schopenhauer, in particolar modo, era un estimatore della letteratura *mahāyāna* di India, Tibet e Cina, nella quale la suprema saggezza (*prajñā*) era comunemente accoppiata alla pura compassione (*karunā*).

Compendiata dal filosofo e profondamente interiorizzata dall'avido lettore Wagner, tale coppia di principi sarebbe divenuta ben presto il punto nodale del progetto di un'opera buddhista del compositore e si sarebbe prestata a fornire alimento filosofico, molti anni dopo, al motto fondamentale del *Parsifal*, condensato nella frase, *Durch Mitleid wissend*, che, in modo meno aforistico, ci informa che *la suprema saggezza viene raggiunta solo attraverso la compassione*. Saggezza e compassione, comunque, costituiscono non solo il motto sul quale si regge l'impianto mistico-filosofico del *Parsifal*, bensì esse divengono anche il punto conclusivo di uno dei finali, successivamente non utilizzato, dell'intero ciclo dei Nibelunghi. [p. 67]

Ma compassione e sagezza compaiono anche in una delle bozze di Wagner per un nuovo finale del *Ring*, che incontreremo tra poco.

Wagner cercò ripetutamente di spiegare a se stesso e ai suoi amici quali intuizioni avesse acquisito prima attraverso Schopenhauer e poi attraverso il buddismo. Nella sua autobiografia[20] descrisse dettagliatamente come la lettura di Schopenhauer avesse ribaltato la sua "allegra visione greca del mondo", gli avesse aperto gli occhi sulla "nullità del mondo dei fenomeni" e gli avesse fatto riconoscere questo principio fondamentale di ogni tragedia nelle sue opere d'arte. L'effetto del pensiero di Schopenhauer fu, secondo le parole di Wagner, "decisivo per tutta la vita".

Nella sua famosa lettera ad August Röckel del febbraio 1855, Wagner confessò che le terribili verità di Schopenhauer lo avevano indirizzato in una direzione "alquanto

Wagner ripeteva molto spesso che la visione che aveva guadagnato, dapprima con Schopenhauer e poi col buddhismo, aveva ribaltato la esultante visione del mondo dei Greci, aprendogli gli occhi sulla vacuità del mondo fenomenico e permettendogli di riconoscere questa presa di coscienza come il principio fondamentale di tutti i suoi lavori.

Si può ben affermare che l'effetto combinato del pensiero di Schopenhauer e della filosofia buddhista avrebbe continuato a lavorargli interiormente per l'intero arco della sua vita, suggerendogli scelte esistenziali che comprendevano il rispetto assoluto per ogni essere vivente e imponendogli anche pesanti interventi censori, come quello scritto a difesa delle posizioni di Ernst von Weber dal titolo: Offener Brief an Ernst von Weber, Verfasser der "Folterkammern der Wissenschaft" nel quale [p. 68] Wagner si scaglia con veemenza contro quella pratica, che egli considera barbara, crudele e disumana, consistente nel praticare esperimenti scientifici e dissezioni sugli animali vivi.

Nella sua ben conosciuta lettera all'amico August Röckel 5 febbraio 1855, Wagner confessa che le tremende verità che gli provengono dalla lettura del filosofo l'hanno

diversa" da quella precedente. Ma allo stesso tempo sottolineava che questa "svolta" era radicata nel suo "sentimento profondamente sofferente dell'essenza del mondo".[21]

condotto in una direzione alquanto differente da quella imboccata precedentemente, ma, al contempo, pone l'accento sul fatto che tale conversione sia radicata nel *suo profondo sentimento di sofferenza per l'essenza del mondo.*

[Nota 21, pp. 49-50:]
Il libro ha un significato incommensurabile, ma in un senso che per molti deve essere molto scomodo. Io confesso che nella mia esperienza di vita ero appena arrivato al punto in cui nient'altro che la filosofia di Schopenhauer poteva essere del tutto appropriato e determinante. Assorbendo senza alcuna riserva le sue verità molto, molto serie, ho soddisfatto nel modo più assoluto il mio impulso più profondo, e sebbene egli mi abbia dato una direzione che diverge sostanzialmente da quella precedente, questa svolta corrispondeva in modo unico al mio sentimento profondamente sofferente dell'essenza di questo mondo.

Il libro è d'immensa importanza, ma in un senso che per molti dovrà tuttavia risultare alquanto scomodo. Io confesso che la mia personale esperienza di vita è divenuta proprio così ampia, che solo la filosofia di Schopenhauer ha potuto rivelarsi per me totalmente adeguata e determinante. È per questa ragione che io, senza riserve, ho potuto accogliere le sue profonde verità, cedendo decisamente alle mie intime inclinazioni e benché egli abbia alquanto deviato la mia direzione, sentirlo corrispondere purtuttavia al mio unico e profondamente doloroso sentimento dell'essenza del mondo.

Diciotto mesi dopo, il 23 agosto 1856, cercò [p. 23] di spiegare questo sviluppo adducendo una discrepanza fondamentale tra la sua intuizione artistica e le sue precedenti opinioni feuerbachiane:

[p. 69] Diciotto mesi più tardi, il 23 agosto 1856, il musicista cerca di spiegare, ancora all'amico August, questo sviluppo adducendo una fondamentale discrepanza tra la sua intuizione artistica e la sua precedente visione feuerbachiana:

Il periodo in cui ho creato, guidato dalla mia intuizione, parte dall'Olandese volante e prosegue con Tannhäuser e Lohengrin, e se in essi vi è espresso un motivo poetico di fondo, questo è costituito

Il periodo nel quale ho creato, guidato dalla mia visione interiore, parte dall'Olandese volante e prosegue con Tannhäuser e Lohengrin e se in essi vi è espresso un fondamentale motivo poetico, questo è dalla sublime tragedia della rinuncia: la negazione ben motivata e alla fine inevitabile della volontà, negazione che sola porta alla salvezza. È questa caratteristica profonda che ha dato ai miei testi e alla mia musica la solennità indispensabile per renderli veramente commoventi. [...]

Mentre come artista vedevo con totale certezza che tutte le mie creazioni erano determinate da questo sentimento, come filosofo cercavo di trovare un'interpretazione del mondo che fosse diametralmente opposta a questa.[22]

Questa discrepanza si manifesta con particolare pregnanza nella scena finale del *Ring*, laddove la filosofia feuerbachiana "ottimista" di Wagner mette in ombra la sua intuizione artistica "pessimista". Wagner spiega nella stessa lettera: [p. 24]

Mi rammento, però, di aver espresso strenuamente la mia concezione [filosofica] una volta - e solo una volta - nelle tendenziose parole finali di Brünnhilde a coloro che la circondano. Dopo aver sottolineato il male della proprietà, ella dichiara che solo nell'amore si può trovare la beatitudine - senza purtroppo fare i conti con "l'amore" che, nel corso del

costituito dalla sublime tragedia della rinuncia, la ben motivata e, in definitiva, assolutamente unica e necessaria. Questa è la profonda caratteristica che dava ai miei poemi e alla mia musica la sacralità, senza la quale tutta la reale commozione che vi è contenuta, non si sarebbe proprio potuta creare. Non vi è nulla di più evidente del fatto che io, con tutto ciò, alla speculazione e al superamento della comprensione della vita rivolgessi concetti che là, nel pensiero fondamentale, lavorassero proprio al contrario. [p. 70] Laddove io, come artista, vedevo con stringente sicurezza che tutte le mie creazioni erano state determinate da queste strutture, come filosofo cercavo di trovare una interpretazione del mondo che fosse diametralmente opposta a questa.

Questo interiore dissidio si mostra con particolare evidenza nella scena finale del Ring, laddove la ottimistica visione feuerbachiana di Wagner, soverchia la sua pessimistica intuizione artistica. Wagner ne fa menzione nella medesima lettera:

Mi rammento, però, che una volta verso la fine, mi risolsi di portare avanti la mia decisione originale ad ogni costo, e precisamente nelle parole conclusive che Brunilde rivolge agli astanti e nella condanna del possesso, a scapito del solo sacralizzante amore, nel quale essa dichiara che vada ricercata la felicità, senza (purtroppo) render del mito, si è chiaramente rivelato un vero e proprio disastro.[23]

Wagner si riferisce qui al finale del *Ring* del 1852, nel quale Brünnhilde dichiara:

"selig in Lust und Leid / läßt - die Liebe nur sein"
"Solo l'amore può lasciarci
beati nella gioia e nel dolore").

Quattro anni più tardi, piegandosi all'impatto combinato di Schopenhauer e del buddismo, Wagner chiuse il Ring con parole molto diverse di Brünnhilde.

Questi due finali diversi o addirittura contraddittori, magistralmente descritti da Carl Dahlhaus[24]— illustrano a mio avviso una contraddizione che caratterizza sia la vita che l'opera di Wagner. Espressa in modo un po' provocatorio, si tratta della contraddizione tra una redenzione "ottimistica feuerbachiana" ATTRAVERSO l'amore e una redenzione "pessimistica-buddista-schopenhaueriana" DALL'amore. [p. 25]

Qualunque cosa si possa pensare delle auto-interpretazioni di Wagner: fare i conti con l'amore

tutto chiara quale sia la natura di quell'amore che, nello sviluppo del mito, vediamo rappresentare una parte grandemente disastrosa.

Il compositore fa qui riferimento al finale del Ring del 1852, nel quale Brunilde proclama:

Non beni, né oro,
né fasto divino;
non casa, né corte,
né sfarzo regale;
non di patti offuscati
l'ingannevole unione,
non d'ipocriti usanze
l'aspra legge:
beato nella gioia e nel dolore
lasciate che esista solo l'amore.

Quattro anni più tardi, piegandosi all'effetto combinato di Schopenhauer e del buddhismo, Wagner concluderà il Ring con parole, pronunciate da Brunilde, che suoneranno in modo assai differente. Questi due diversi, e perfino opposti, finali evidenziano la contraddizione che è intervenuta nella vita, nel pensiero e nell'opera di Wagner e che, espressa in termini stringati, è la contraddizione tra la visione *ottimistica* feuerbachiana, della salvezza nell'amore, e quella *pessimistica*, buddistico-schopenhaueriana che, con un gioco di parole venato di cinismo, potremmo definire della *salvezza dall'amore.*

Entrambe le tesi, nonostante l'antinomia da esse rappresentata, riconoscono, comunque, che è sicuramente uno - o addirittura il - tema principale delle sue opere d'arte. [p. 25]

l'amore rimane pur sempre il centro nodale dell'opera artistica di Richard Wagner.

Mathilde Wesendonck (1828-1902)
C. Dorner (Kapp 1915, Frontespizio)

[p. 26] Se nella versione del 1852 Brünnhilde aveva salutato con un'intonazione molto feuerbachiana il potere salvifico dell'amore ("Solo l'amore può lasciarci Beati nella gioia e nel dolore"), la versione del 1856 riflette la diversa prospettiva di cui Wagner aveva descritto la scoperta nella sua lettera a Röckel. Esprime quindi l'altra faccia dell'equazione centrale di Wagner. Accanto al testo del nuovo finale del Ring indicherò tra parentesi i temi influenzati da Schopenhauer e dal buddismo.[25]

Come abbiamo visto nella versione del finale di Brunilde del 1852, vi è l'esaltazione del potere terapeutico dell'amore, ma la versione del 1856 rivela una differente prospettiva filosofica, che Wagner aveva ben descritto nella sua lettera all'amico Röckel. [p. 72]

. . .

Mi ritengo in debito nei confronti del professor App, per le numerose e interessantissime riflessioni che ho fatto mie in questo scritto e per una in particolare, contenuta nella sua acuta analisi dei versi del finale del Ring dell'anno 1856. La riproduco qui di seguito, inframezzando i versi in essa contenuti con i temi, riportati in parentesi, ai quali, in assonanza con la filosofia buddhista, essi possono fare riferimento:

Se ora io non m'avvio più alla festa del Walhall, sapete voi dove mi dirigo? Dalla dimora della brama io m'allontano,

---

Dalla dimora della brama me ne vado,
[Abbandono della volontà e del desiderio]
dalla casa dell'illusione fuggo per sempre;
[māyā, avidyā, illusione, ignoranza]
le porte aperte dell'eterno divenire
[metempsicosi]
mi chiudo alle spalle:
alla più santa terra eletta
senza-desiderio e senza-illusione
[negazione della volontà e del desiderio]
sacratissima terra d'elezione
mèta del vagare nel mondo
[nirvāna, suprema illuminazione]
liberata dalla trasmigrazione,
[trasmigrazione delle anime]
s'avvia ora la sapiente.
[prajñā, suprema saggezza]
Di ogni eterno
la beata mèta,
[nirvāna]
sapete come la conquistai?
Di luttuoso amore
la profondissima compassione
[karunā, compassione]

---

da quella dell'illusione rifuggo per sempre;
[maya, avidya, illusione, ignoranza]
dell'eterno divenire
[metempsicosi] [p. 73]
le porte aperte chiudo dietro di me:
verso la senza-brama e senza-illusione
[negazione della volontà e del desiderio]
sacratissima terra d'elezione,
mèta del vagare del mondo;
[nirvana, suprema illuminazione]
liberata dalla rinascita,
[trasmigrazione delle anime]
s'avvia ora la sapiente.
[prajñā, suprema saggezza]
Di ogni eterno
la beata fine,
[nirvana]
sapete voi come la conquistai?
Di luttuoso amore
la profondissima compassione
[karunā, pura compassione]

m'ha dischiuso le porte.
Chi sopra tutto
tesorizza la vita,
[affermazione della volontà]
distolga il suo sguardo da me.
Colui che con compassione
guarda chi se ne va,
a lui spunta di lontano
la salvezza che ho ottenuto.
[sagezza tramite la compassione]
Così mi separo da te, o mondo,
salutando![26]
[p. 27]

In queste due versioni del finale del *Ring* appare in sintesi la contraddizione che costituisce il fulcro della mia discussione su Wagner e il buddismo.

È la contraddizione tra, da un lato, l'amore come forza salvifica e redentiva da ogni male (come espresso nella versione del 1852) e, dall'altro, la visione dell'amore come problema fondamentale, come si vede nell'*amour original* di Anquetil-Duperron, nella "volontà" di Schopenhauer e nella "sete" o "brama" (*taṇhā*) del buddismo.

Piuttosto che costituire una semplice discrepanza tra teoria filosofica [p. 28] e intuizione artistica o tra le opinioni assunte prima e dopo l'incontro di Wagner con Schopenhauer, ritengo che i due poli di questa contraddizione

---

m'ha dischiuso le porte.
Chi sopra tutto
stima la vita,
[affermazione della volontà] [p. 74]
distolga il suo sguardo da me!
Chi per compassione segue
con lo sguardo la partente,
a lui spunta di lontano
[visione interiore tramite la compassione]
la redenzione, ch'io ho ottenuto.
Così io mi separo da te, o mondo,
salutando!

Dalla comparazione dei due finali risulta assai evidente la contraddizione che rende esplicito il cambiamento di prospettiva filosofica che avviene a seguito dell'incontro di Wagner con Schopenhauer e il buddhismo. In essa è anche osservabile la dicotomia, stridente ed insanabile, tra l'amore come forza salvifica e redentiva da ogni male (come espresso dal finale del 1852) e l'amore, come problema fondamentale e insanabile, come viene espresso nel concetto di *amour original* di Anquetil-Duperron, nella *voluntas* di Schopenhauer e nella *tanha* del buddhismo.

La contraddizione ora rilevata, piuttosto che costituire solo una discrepanza tra la teoria filosofica e l'intuizione artistica o tra la visione che Wagner aveva prima e quella che avrebbe maturato dopo l'incontro con la filosofia di Schopenhauer e il buddhismo, può indurci a ritenere che i due poli di questa contraddizione fossero presenti da sempre nel nucleo

siano sempre presenti nel nucleo delle opere di Wagner, dove costituiscono la base del conflitto tragico e il motore principale del dramma.

Forse è questo che Wagner intendeva con una coppia di termini collegati da un lungo trattino, che si trova nell'ultima pagina scritta da Wagner: "Liebe — Tragik" ("Amore — Tragedia").

Anche opere come L'*Olandese Volante*, *Tannhäuser* e *Lohengrin*, che Wagner aveva creato prima del suo incontro con Schopenhauer e il buddismo, possono essere analizzate da questo punto di vista;

in queste opere, il polo della "salvezza *attraverso* l'amore" è enfatizzato. Tuttavia, la loro forza drammatica verrebbe meno senza il polo opposto descritto da Wagner nella sua lettera a Röckel.

In *Tristan und Isolde*, nel progetto dell'opera buddista *Die Sieger* e nel *Parsifal*, la tensione tra la volontà di estinguere completamente il desiderio e quella di raggiungere la sua finale gratificazione diventa

---

dell'opera wagneriana, nella quale essi formavano le basi delle tragiche conflittualità presenti in esse e costituenti [p. 75] il principale motore del dramma.

Potremmo giungere a ritenere che fosse questo ciò che Wagner intendeva con quell'espressione virgolettata, posta a conclusione della sua intera vicenda, sia artistica che esistenziale, e vergata come motto conclusivo sull'ultima pagina scritta del suo saggio *Über das Weibliche im Menschlichen*, proprio poco prima di abbandonare tutte le ambasce terrene: "Liebe – Tragik", amore – tragedia.

Anche le opere come l'Olandese volante, il Tannhäuser e Lohengrin, che Wagner aveva creato prima del suo incontro con Schopenhauer e il buddhismo, potrebbero venire anch'esse analizzate da questo stimolante punto di vista.

In queste opere la concezione della *salvezza attraverso l'amore*, come conclusivo appagamento del desiderio, è ancora il nucleo fondamentale del dramma. La loro forza drammatica, però, risulterebbe fortemente indebolita senza quel polo opposto che Wagner descrive nella sua lettera a Röckel.

In Tristan und Isolde, come nel progetto dell'opera buddhista Die Sieger e nel Parsifal, la tensione tra la volontà di estinguere completamente il desiderio e quella di raggiungere la sua finale gratificazione, sempre più potente come motore drammatico.

Questa tensione è tutt'altro che artificiale. Si tratta di una profonda e generale contraddizione umana, una contraddizione che Wagner non solo ha vissuto personalmente con tutte le sue euforie e agonie, ma che, a suo eterno merito, è anche riuscito a esprimere in opere d'arte supremamente affascinanti.

Questa contraddizione segnò indelebilmente anche la vita di Wagner; e la sua relazione con Mathilde Wesendonck ne è un esempio particolarmente toccante. In una poesia che riecheggia la famosa scena della "morte d'amore" (Liebestod) alla fine di *Tristan und Isolde*, Mathilde scrisse:

Che cos'è l'amore? Morire in beatitudine, Eterna eliminazione di tutta egoità, Morte e distruzione di ogni egoismo, Resurrezione nella persona amata. [p. 29] *Beato recupero da tutte sofferenze terrene, Finale redenzione di tutta esistenza.*[27]

Il 6 luglio 1858, un giorno dopo il completamento del secondo atto di *Tristan und Isolde*, Wagner scrisse a Mathilde:

acquisisce, quale *motore drammatico*, sempre più potenza propulsiva.

È una tensione che è ben lontana dall'essere artificiale, poiché essa costituisce la profonda e umana contraddizione che Wagner vivrà, fino allo struggimento, per l'intero corso della sua vita. [p. 76]
È la contraddizione che il musico-poeta non solo esperimenta personalmente con tutto il suo euforico vitalismo e tutta la sua agonica esistenzialità, ma è anche quella alla cui eterna sustanzialità, egli dedica l'espressione delle sue sublimi e immortali opere d'arte. Una contraddizione che, con modalità ed espressioni assai diversificate, coinvolge anche due degli uomini che s'impongono, come presenze fondamentali, nella vita del compositore ed è la contraddizione che segna anche profondamente la sua relazione con Mathilde Wesendonk. Un toccante esempio di essa ci giunge da una poesia che Mathilde compone e che rimanda al ben più famoso Liebestod della fine del Tristano:

Cos'è l'amore? Beato morire, Di tutto il mio essere l'eterno disperdere, Di tutto l'egoismo il mortale rovinare, Risorgere nell'amato Essere. Di tutte le doglie terrene il lieto risanare, Dell'essere, finale redenzione.

Il 6 luglio 1858, il giorno dopo aver completato il Secondo atto del Tristano, Wagner scrive all'amata Mathilde:

Colonna sinistra (App):

"Le enormi lotte che abbiamo vissuto: come potrebbero concludersi in altro modo se non con la vittoria su ogni brama e desiderio?"

Solo cinque mesi più tardi, però, Wagner elaborò un finale molto diverso nel suo solitario Palazzo a Venezia. Volendo "ampliare" e "rivedere parzialmente" la filosofia di Schopenhauer, Wagner informò Mathilde:

È in gioco una via di salvezza che conduce alla totale acquiescenza della volontà attraverso l'amore, una via che finora è stata ignorata da tutti i filosofi, in particolare anche da Schopenhauer. Si tratta di dimostrare che questa via di salvezza non consiste in una specie di amore astratto per l'uomo, ma piuttosto nell'amore reale che nasce dalla radice dell'amore sessuale, cioè dall'amore che emerge dall'attrazione tra l'uomo e la donna.[28] [p. 30]

Nel palazzo veneziano di Wagner, il Belzebù di Schopenhauer si trasforma così improvvisamente in un redentore wagneriano: l'amore sessuale - la più pura affermazione della volontà che può essere soggiogata solo attraverso la totale rinuncia - viene ora improvvisamente acclamato come il percorso giusto verso l'annientamento della volontà. Questo particolare tipo di pacificazione è evocato nel finale di *Tristan und Isolde*:

Colonna destra (Tagliabue):

Gli enormi conflitti che abbiamo attraversato, come potrebbero aver fine, se non con la vittoria su ogni brama e ogni desiderio?

Solo cinque mesi più tardi, però, Wagner giunge, nella solitudine del suo palazzo di Venezia, ad una conclusione assai differente e, presumibilmente con l'intenzione di ampliare e rivedere in parte la filosofia di Schopenhauer, il musicista ne mette a conoscenza l'amata:

Si tratta proprio del fatto che da nessun filosofo, compreso Schopenhauer, sia stata riconosciuta una via di salvezza che possa condurre al completo acquietamento della volontà attraverso l'amore. E non certo un amore astratto per l'essere umano, bensì il reale amore sessuale, vale a dire l'attrazione che tra uomo e donna fa sorgere il sentimento amoroso.

Nel palazzo veneziano nel quale il musicista dimora, mentre lo spirito di Schopenhauer si muta repentinamente nel wagneriano redentore, l'amore sensuale, la più pura affermazione di volontà che può solo essere frenata dalla totale rinuncia, è ancora acclamato come il percorso più adeguata verso [p. 78] l'annullamento della volontà. Esso si conferma essere quel particolare genere di pacificazione a cui anelano gli amanti e che viene evocato nel sublime Finale di Tristan und Isolde:

*Nel'impeto delle onde
del mare dell'estasi
in echi risonanti
di onde di profumo
nell'alitante totalità
del respiro del mondo,
annegare —
sprofondare —
inconsapevole —
suprema delizia!*[29]

Nel *Parsifal*, per contrasto, proprio i protagonisti che hanno tentato la "soluzione veneziana" di Wagner subiscono una ferita terribile, mentre il "puro folle" assurge al rango di salvatore resistendo alla tentazione di Kundry e a tutte le [p. 31] gratificazioni della volontà che potrebbero seguirne.

In una lettera a Mathilde, Wagner spiegò la sua comprensione di queste contraddizioni fondamentali come segue:

Bimba mia, lo splendido Buddha aveva proprio ragione a escludere severamente l'arte. Chi sente più acutamente di me che è proprio questa arte sfortunata a ricacciarmi eternamente nel tormento della vita e in tutte le contraddizioni dell'esistenza? Se questo dono meraviglioso, questo forte dominio dell'immaginazione creativa non fosse in me, allora potrei, secondo la mia chiara intuizione e l'impulso del mio cuore, diventare - un santo; e come santo sarei in grado di dirti: «Vieni, abbandona tutto ciò che

*Dolcemente
dissolvermi in vapori?
Nell'ondeggiante
profluvio,
nel risonante vibrare,
nell'alitante tutto
del respiro del mondo,
annegare,
inabissarsi,
inconsapevole,
suprema delizia!*

Nel Parsifal, per contrasto, il vero protagonista che tenta la *soluzione veneziana* di Wagner soffre di una terribile menomazione, mentre il *puro folle*, con il fondamentale aiuto della tentatrice Kundry e con il variegato assortimento di gratificazioni della volontà a cui la donna avrebbe potuto farlo accedere, ascende alla condizione di saggio.

In una lettera a Mathilde, Wagner spiega la sua comprensione di tale basilare contraddizione, nel modo seguente:

Bimba mia, ben a ragione il sublime Buddha volle severamente bandire l'arte. Chi più chiaramente di me sente che proprio per colpa di questa sventurata arte io sono immerso eternamente nei tormenti e in tutte le contraddizioni dell'esistenza? [p. 79] Se questo meraviglioso dono non mi fosse stato concesso, se un così forte predominio della fantasia creatrice non fosse in me, potrei, seguendo l'impulso del mio cuore, nella luminosità della conoscenza, diventar santo e, come santo, dirti: «Vieni, abbandona

ti trattiene, spezza i legami della natura: a questo prezzo ti mostro la via aperta della salvezza! - Allora saremmo liberi: Ananda e Savitri! - Ma non è così. Poiché, guarda! anche questa conoscenza e questa chiara realizzazione continuano sempre a farmi tornare ad essere un poeta, artista.[30] [p. 32]

Nel 1856 Wagner riversava queste "contraddizioni dell'esistenza" così acutamente sentite in due progetti operistici intimamente correlati: *Tristan und Isolde* e *Die Sieger*.[31]

[nota 31]
Wagner aveva letto nei Racconti indiani di Adolf Holtzmann (*Indische Sagen*, 3 volumi, Stuttgart 1845-1847) di una Sawitri che, grazie alla perseveranza e all'amore, riuscì a convincere la Morte a restituire la vita al marito (vol. 1, pp. 243-273). Cfr. Carl Suneson, *Richard Wagner und die indische Geisteswelt*, Leiden: E.J. Brill, 1989, p. 13 ss.

In una lettera all'amico Franz Liszt, Wagner spiegò che il progetto dei *Vincitori* poteva diventare chiaro solo a coloro che abbiano già "digerito Tristano".[32] Un'altra lettera spiega il legame tra questi due progetti nel modo seguente:

Da parte mia, desidero soprattutto la salute per realizzare tutti quei progetti di cui sono ancora pieno.

tutto ciò che ti trattiene, spezza i legami della natura; a questo prezzo io ti mostro la dischiusa via della salvezza!» Allora saremmo liberi: Ananda e Sawitri! Ma così non è! Poiché, guarda! anche questa stessa conoscenza, questa limpida visione, fa di me, ancora e sempre, un poeta, un artista.

Nell'anno 1856 Wagner riversava il suo acuto e straziante sentimento delle *contraddizioni dell'esistenza* in due progetti intimamente correlati: Tristan und Isolde e Die Sieger.

[nota 97]
Wagner aveva letto negli *Indische Sagen* di Adolf Holtzmann la leggenda di Sawitri che, per mezzo del coraggio e dell'amore, riesce a convincere la morte a restituire la vita al suo amato consorte Sathiavan. Sarà il compositore inglese Gustav Holst (1874-1934) che, dal medesimo episodio del Mahabharata, oltre mezzo secolo più tardi, ricaverà la piccola e preziosa opera Savitri (1908) per tre voci e organico da camera.

In una lettera a Franz Liszt, l'amico Richard spiega che il progetto per Die Sieger può mostrarsi chiaramente solo a [p. 80] coloro che abbiano già digerito il Tristano. In una successiva lettera egli evidenzia la connessione tra i due progetti nel modo seguente:

Io, per parte mia, desidero, in particolar modo, una salute che mi conceda di poter realizzare quei progetti

Mi dispiace dire che ce ne sono più di quanti me ne servano; poiché ho in mente, oltre alle sezioni dell'Anello dei Nibelunghi, un Tristan und Isolde (l'amore come terribile tormento) e il progetto più recente, I vincitori (redenzione suprema, leggenda buddista); questi mi sono così cari che devo rimandarli con grande ostinazione a favore del lavoro sull'Anello dei Nibelunghi.[33]	*che ancora mi impegnano. Purtroppo, devo dire che vi sono molti di essi di cui ancora ho bisogno, poiché, oltre ai Nibelunghi, ho ancora in testa un Tristano e Isolda (l'amore come terribile tormento) e un nuovissimo progetto, "Die Sieger" (suprema redenzione, leggenda buddhista), che mi pressano così tanto, da doverli respingere con grande ostinazione, per amore dei Nibelunghi.*
Nel diario di Wagner del 1856 troviamo la seguente osservazione sull'origine di questo suo progetto di opera buddista::	Nel Braunes Buch troviamo un interessante appunto sull'origine del progetto compositivo dell'opera buddhista *Die Sieger*:
Buddismo: Introduzione alla storia del B[uddismo]. - «Sieger» [I vincitori] concepito, da una leggenda buddista nel Burnouf.[34] *Concezione, mentre a letto ammalato, di un nuovo finale per Götterdämmerung [Crepuscolo degli dèi].*[35] [p. 33]	*Buddhismo: Introduzione alla storia del B[uddha]. – «Sieger» concepito, da una leggenda buddhista nel Burnouf. Concezione, mentre a letto ammalato, di un nuovo finale per il Götterdämmerung.* [p. 81]
Il "nuovo finale" del *Crepuscolo degli dei* (*Götterdämmerung*), che in questa nota è così perfettamente collegato alla concezione di *Die Sieger* (I vincitori), è la bozza "buddista" citata sopra.	Il nuovo finale del Crepuscolo degli dèi che, secondo questa annotazione del Libro Bruno, è così consequenzialmente collegato alla concezione di *Die Sieger*, è quello di ispirazione buddhistica citato precedentemente.
L'Introduction à l'histoire du Buddhisme indien di Eugène Burnouf era una delle fonti che Schopenhauer aveva incluso in un lungo elenco di letteratura raccomandata sul buddismo nel capitolo "Sinologia" della sua opera *La volontà nella natura (Der Wille in der Natur).*[36]	Il libro del Burnouf, *Introduction à l'histoire du Buddhisme Indien* era una delle tante fonti che Schopenhauer aveva incluso nella lunga lista di letture raccomandate sul buddhismo, inserita nel capitolo *Sinologie* nel suo *Über den Willen in der Natur*.

[nota 36] Nella Prima Edizione (1836) di *Über den Willen in der Natur* (vedi edizione critica di Arthur Hübscher, 1988, vol. 7, p. 125), Schopenhauer menzionava solo tre fonti. Nella Seconda Edizione (1854), quella utilizzata da Wagner, le fonti citate erano già ventiquattro (Edizione critica, p. 130). Nella copia personale del filosofo ci sono altri due riferimenti scritti a mano. Arthur Schopenhauer, *Über die vierfache Wurzel des Satzes vom zureichenden Grunde* und *Über den Willen in der Natur*, Zürich: Diogenes Verlag, 1977, vol. 5, p. 327).

Il libro di Burnouf segna il vero inizio della ricerca occidentale sui testi buddisti dell'India. Wagner lesse questa importante opera nell'inverno del 1855-56 e si imbatté nella leggenda che lo ispirò al progetto *Die Sieger*.[37]

Inizialmente non modificò quasi per nulla la leggenda[38]; si limitò a rendere un po' più coloriti l'inizio e la fine. Riassumo brevemente la bozza del progetto Sieger del 16 maggio 1856:

Ad Ananda, il discepolo preferito del Buddha, viene offerto un sorso d'acqua a un pozzo dall'intoccabile Chandala Prakriti, che si innamora immediatamente del giovane monaco. La madre di Prakriti riesce con la magia a far

---

[nota 98] Nella Prima Edizione del 1836 di *Über den Willen in der Natur*, Schopenhauer menzionava, come avvicinamento al buddhismo, solo tre fonti. Nella Seconda Edizione, del 1854, quella letta da Wagner, le fonti citate erano già ventiquattro. Nella copia personale del filosofo vi si potevano leggere altri due riferimenti, che erano stati aggiunti.

Il testo del Burnouf è della massima importanza, poiché esso segna il vero inizio della ricerca condotta in Occidente sui testi buddhisti dell'India. Wagner aveva letto questo importantissimo lavoro nell'inverno 1855-56, venendo a conoscenza in tal modo della leggenda che gli avrebbe ispirato il progetto per Die Sieger.

Dapprima modificò di poco la leggenda, limitandosi all'inizio e alla fine, e il 16 maggio 1856 l'abbozzo di essa poteva essere riassunto nel seguente modo:

Il Buddha nel suo ultimo cammino. Ananda [il più giovane discepolo di Buddha], ad una fonte, viene dissetato da una giovane fanciulla chandala [p. 82] di nome Prakriti, la quale s'innamora perdutamente di lui, che ne è sgomentato. Pra-

venire Ananda a casa sua, ma lui resiste a tutte le tentazioni. Tuttavia, la ragazza malata d'amore non si arrende così facilmente e come ultimo rimedio si rivolge al Buddha in persona. Quando gli racconta del suo amore ardente per Ananda, il Buddha le chiede se è pronta ad accettare tutte le condizioni di questa unione. Il dialogo che segue è segnato da doppi significati che abbracciano i poli della contraddizione sopra menzionata e costituisce il perno drammatico del progetto. Prakriti interpreta le parole del Buddha come la sanzione del suo desiderio di un'unione amorosa appassionata e accetta tutto. Quando improvvisamente si rende conto che il Buddha intende qualcosa di completamente diverso, cioè che la sua benedizione dipende dall'accettazione del voto di castità di Ananda e quindi dalla rinuncia, scoppia a piangere. [p. 34]

A questo punto il Buddha le rivela il corso di una vita precedente, durante la quale aveva rifiutato l'amore di un giovane per orgoglio. Così, le viene detto, nella sua vita attuale è nata come una ragazza Chandala che ora deve sperimentare il tormento dell'amore senza speranza per poter finalmente rinunciare all'amore basato sul desiderio, diventare un membro della comunità monacale del Buddha ed essere condotta verso la salvezza finale. All'udire queste parole Prakriti rinuncia con gioia, e Ananda la accoglie come sorella

kriti, in grande sofferenza amorosa. Sua madre tenta di attirare Ananda; grande battaglia amorosa. Ananda commosso fino alle lacrime e angosciato, viene liberato da Çhakya [Buddha]. Prakriti incontra il Buddha che, alle porte della città, medita sotto un albero, perché acconsenta alla sua unione con Ananda. Questi le chiede se sia disposta a rispettare le condizioni che tale unione comporta. Dialogo a doppio senso, che Prakriti interpreta come legittimazione del suo desiderio di un'appassionata unione, ma che la vede crollare sconvolta e singhiozzante, quando capisce che anche lei deve abbracciare il voto di castità. Ananda incalzato dai bramini. Rimproveri per l'interesse di Buddha per una fanciulla chandala. Riprovazione del Buddha per il sistema delle caste. [p. 83]

Poi [il Buddha] rivela alla fanciulla che lei, nel corso di una vita precedente, era la figlia di un orgoglioso bramino. Il re dei chandala, che si ricordava di una precedente esistenza da bramino, desiderava per suo figlio, la figlia di un bramino, della quale il giovane era innamorato. Per orgoglio e superbia la fanciulla aveva rifiutato l'amore del giovane, rendendolo infelice. Pertanto, a causa di ciò, nella presente vita lei era nata come una chandala, che ora doveva sperimentare il tormento di un amore senza speranza. Infine, essa deve anche

nella cerchia dei seguaci del Buddha.[39]

rinunciare all'amore fondato sul soddisfacimento del desiderio, per diventare un membro della comunità del Buddha. Tutto gli diviene chiaro ed egli si ritira nel luogo della sua redenzione. [p. 84]

Il tema centrale di questo racconto è che il tipo di salvezza a cui Prakriti aspira - la salvezza *attraverso* l'amore guidato dal desiderio - deve essere abbandonato per raggiungere la vera salvezza attraverso la totale rinuncia.

Il tema centrale di questo racconto reca con sé l'illuminante comprensione che il genere di salvezza a cui Prakriti aspira, quella attraverso la realizzazione del suo desiderio d'amore, deve essere abbandonato per poter ottenere la vera salvezza attraverso la totale rinuncia.

Come Wagner spiegò nella sua lettera a Liszt del 12 giugno 1856, il contenuto del progetto *Die Sieger* è *"la vittoriosa, la più santa, la più completa salvezza."*

Come Wagner espone in una lettera a Liszt del 12 giugno 1856, il contenuto di Die Sieger è *la vittoriosa, la più santa, la più totale salvezza.*
Io ho nuovamente due splendidi soggetti, che devo ancora, un giorno o l'altro, portare avanti: Tristano e Isolda (di cui già sai!) e poi ancora la Vittoria, la più sacra, la più completa redenzione. Di questa però non posso comunicarti ancora nulla. Io saprei esporla con un'interpretazione diversa da V. Hugo e la tua musica me l'ha suggerita, però senza il Finale. Della grandezza, della gloria e del dominio non faccio proprio alcun conto.

La potente immaginazione di Wagner dotò presto la leggenda buddista di dettagli drammatici; così scrisse all'inizio del 1857, circa mezzo anno dopo la prima stesura del progetto, a Marie von Sayn-Wittgenstein a Weimar:

La potente immaginazione di Wagner andava vieppiù corredando la leggenda buddhista di dettagli drammaturgici. Così, il 4 marzo 1857, alcuni mesi dopo la stesura della bozza del suo progetto, scriveva alla principessa Marie von Sayn-Wittgenstein a Weimar:

Cosa posso dirle ancora? Sì - nei "Vincitori" avrà luogo la seguente scena: La ragazza (che probabilmente si chiamerà Savitri) che, mentre aspetta Ananda nel secondo atto, sguazza nei fiori in totale estasi e aspira voluttuosamente tutta la natura, il sole, la foresta, gli uccelli, l'acqua, tutto - questa ragazza, dopo aver fatto il suo fatidico voto, riceve da Czakya [Buddha] l'ordine di guardarsi intorno e di alzare lo sguardo e poi le viene chiesto: "Come trovi tutto questo?". "Non è più bello", risponde sinceramente e tristemente, perché ora vede l'altra faccia del mondo. Nel secondo atto del Tristano - no, non ve ne parlerò ancora; tutto questo è ancora solo musica.[40]

Che altro potrei raccontarle? Sì, nei "Vincitori", ciò che accade [p. 84] è questo: La fanciulla (presumibilmente Savitri), mentre attende Ananda nel Secondo Atto, s'immerge nell'estasi assoluta offertale dai fiori, dal sole, dalla selva, dagli uccelli e dall'acqua. Assorbendo voluttuosamente l'intera Natura in sé, dopo aver prestato il suo voto fatale, viene esortata da Çzakya [Buddha] ad osservarsi attorno, interrogandosi su ciò che vede. Poi, [il Buddha] le chiede come le appaia tutto ciò. "Non più bello", dice la fanciulla con malinconica onestà, poiché ora ella vede l'altra parte del mondo. Nel Secondo Atto del Tristano, ...ma di questo lei non deve venire a sapere ancora nulla. Tutto è ancora solo musica.

T. 4 Kundry nella prima rappresentazione del *Parsifal*, Bayreuth. Foto di Hans Brand, 1882. Bayerische Staatsbibliothek

Secondo Wagner, la donna è più saldamente radicata nella natura e quindi rispetto all'uomo più profondamente legata alla forza universale che Schopenhauer chiamava "volontà". Essa afferma la vita con più forza, e questa affermazione è qui illustrata da

Prakriti / Savitri che sguazza nei fiori ed è totalmente concentrata sull'unione appassionata con il suo amato. È quindi l'espressione della più pura affermazione della volontà, il cui scopo è la conservazione e la procreazione della vita: la "volontà di vita" di Schopenhauer.

La somiglianza con Kundry nel Parsifal è sorprendente: se Prakriti / Savitri cerca la liberazione nell'abbraccio di Ananda, Kundry cerca di ottenerla tra le braccia di Parsifal. Eppure, proprio l'affermazione della volontà e la ricerca del suo appagamento sono il problema; sono ciò a cui puntano l'*amour original* di Anquetil-Duperron e la "sete" (*taṇhā*, brama) del buddismo.

Anche la somiglianza di Prakriti con Kundry è sorprendente. Se essa cerca la liberazione nell'abbraccio con Ananda, Kundry cerca di ottenerla tra le braccia di Parsifal, confermando che l'affermazione della volontà e lo struggimento per la sua realizzazione costituiscono proprio il problema fondamentale e divengono la conferma dell'identificazione di quella tematica che in Anquetil-Duperron andava sotto la definizione di *amour original* e nel buddismo di *brama*.

In tale connessione si dispiega il potenziale tragico della contraddizione di cui sopra: Prakriti e Kundry cercano la liberazione esattamente dove non può essere trovata, cioè nell'unione con l'amante che, secondo Schopenhauer, rappresenta l'apice dell'affermazione della volontà di vita (*Wille zum Leben*).

In tale connessione si evidenzia la potenziale tragicità del cercare la liberazione e la salvezza, proprio là dove esse non [p. 86] possono essere trovate, cioè nell'unione con l'amato che, in accordo con Schopenhauer, rappresenta l'apice dell'affermazione della volontà di vivere. La meta che esse cercano di raggiungere costituisce proprio la principale fonte della loro angoscia e, quindi, la causa ultima del loro bisogno di liberazione, come Parsifal dice, con perentoria fermezza, a Kundry, incapace di comprenderne le profonde ragioni:
Il sollievo, che pone fine al tuo tormento, non l'offre la fonte da cui

L'obiettivo che cercano di raggiungere è quindi proprio la fonte più fondamentale della loro angoscia [p. 36] e quindi la causa ultima del loro bisogno di liberazione. Liebe–Tragik.

Nel commento di Wagner al preludio di *Tristan und Isolde* questo desiderio onnipotente viene descritto come segue:

Impotente, il cuore torna a languire nel desiderio, un desiderio senza meta, poiché ogni raggiungimento non è che un rinnovato desiderio.[41] [p. 37]

questo proviene, la salvezza non ti sarà mai donata, prima che in te quella fonte stessa sia chiusa.

Si viene così a ricomporre quella potente antinomia cheWagner ben suggella con le ultime parole scritte un istante prima della morte: *Liebe-Tragik.*

Nel commento che Wagner antepone a suggello del Preludio di Tristan und Isolde, questo onnipotente desiderio viene descritto nel seguente modo:

Si ritrae impotente il cuore, per languire nel desiderio. Quel desiderio senza meta, poiché ogni meta è sempre e solo un nuovo desiderio. [p. 87]

È facile sentire, nelle parole del compositore, l'eco delle riflessioni che il filosofo dedica all'esistenza umana:

La vera essenza delle cose è che ognuno deve considerare tutte le sofferenze del mondo come le proprie, o meglio tutte quelle possibili come reali per lui, finché egli è la ferma volontà di vivere, vale a dire finché con tutte le forze apprezza la vita. Per essa il principium individuationis, la cui conoscenza e una vita felice nel tempo, donata dal caso, o a questo carpita con l'intelligenza, fra le sofferenze di innumerevoli altri, non è che il sogno di un mendicante, nel quale egli è un re, ma dal quale deve risvegliarsi per

L'idea della trasmigrazione, che Wagner utilizzò nei *Die Sieger* e poi anche nel *Parsifal*, è un'espressione concreta di questo "desiderio che rinasce continuamente". Anche in questo senso, Schopenhauer aprì la porta a Wagner, poiché elogiava la trasmigrazione come l'apice di tutti i miti ("das non plus ultra aller Mythen").[42]

[Nota 42] Già nell'estate di 1817 Schopenhauer scriveva (Handschriftlicher Nachlass, vol. 1, p. 479, No, 686): "Il mito della trasmigrazione delle anime è così ricco di contenuti, così significativo, così vicino alla verità filosofica, tra tutti i miti che sono stati inventati, che lo considero il *non plus ultra* della rappresentazione mitica. È per questo che Pitagora e Platone lo veneravano e lo applicavano: e i popoli tra i quali prevale generalmente come credenza popolare e ha un'influenza decisiva sulla vita sono per questo motivo da considerare i più maturi, come sono anche i più antichi." Schopenhauer ha utilizzato questa notizia nel capitolo 63 del Mondo come volontà e rappresentazione. vol. 1, par. 63, p. 421.

apprendere che soltanto una fugace illusione lo aveva separato dai patimenti dell'esistenza.

L'idea della trasmigrazione, che Wagner introduce in *Die Sieger* e, più tardi, nel *Parsifal* è la concreta espressione di questo desiderio che si rinnova in continuazione. Sotto questo aspetto, Schopenhauer spalanca la porta a Wagner, nel prendere la teoria della trasmigrazione come punto apicale di tutti i miti. Tale pensiero viene incorporato dal filosofo nel [p. 88] Capitolo 63 del Mondo come volontà e rappresentazione:

Ciò che qui s'intende è il mito della trasmigrazione delle anime. Esso insegna che tutte le sofferenze, che nella vita vengono procurate ad altri esseri, in una successiva esistenza in questo stesso mondo, devono essere espiate proprio attraverso le medesime sofferenze; ciò giunge a far sì che, chi uccide anche soltanto un animale, un giorno di un tempo infinito, rinato nelle forme di tale animale, patirà anche lui la stessa sorte. Ciò insegna che la cattiva condotta di vita futura, su questo mondo, trascina con sé l'essenza della sofferenza e del disprezzo, che conduce alla rinascita in caste inferiori.

Dopo aver parlato della punizione, poco più avanti Schopenhauer accenna, però, anche la suprema ricompensa:

Il mito può esprimere questa ricompensa nel linguaggio di questo mondo soltanto negativamente, attraverso la promessa, così spesso ricorrente, di non rinascere mai più: «non adsumes iterum existentiam apparentem»: [p. 88] ovvero, come espresso dai buddhisti, che non ammettono né i Veda né le caste: "Tu devi giungere al Nirvana, cioè ad una condizione nella quale non esistono più queste quattro cose: la nascita, la vecchiaia, la malattia e la morte".

Già nel 1826, Schopenhauer aveva notato il seguente passo di un testo buddista cinese tradotto in francese:

L'inclinazione al bene, cioè l'amore, l'avidità e il desiderio (la concupiscenza carnale), si trova sempre per natura in tutto ciò che nasce. Tutto ciò che nasce [...] trae la sua natura e la sua vita dal desiderio, al quale il desiderio seduce l'amore: così la trasmigrazione delle anime nasce fondamentalmente dall'amore. L'amore, incitato da ogni tipo di desiderio che lo tenta, è la ragione per cui la vita e la morte si alternano senza sosta sul cammino della trasmigrazione delle anime.

Schopenhauer (1985, vol. 3, pp. 305-6) aveva copiato l'intero passaggio chiave nel originale francese:

De toute l'éternité, l'inclination au bien, ainsi que l'amour, la cupidité

et la concupiscence se trouvent na-
turellement dans tout ce qui prend
naissance. De là vient la transmi-
gration des ames. Tout ce qui naît,
de quelque manière qu'il naisse,
soit de l'oeuf ou du sein maternel,
ou de la pourriture ou par tran-
sformation, tire sa nature et sa vie
de la concupiscence,[43] *à laquelle la*
cupidité porte l'amour; ainsi c'est
de l'amour que la transmigration
des ames [p. 38] *tire son origine.*
L'amour, excité par les cupidités de
tout genre qui l'induisent à concu-
piscence, est la cause de ce que la
vie et la mort se succèdent tour-à-
tour par la voie de la transmigra-
tion. De l'amour vient la concupi-
scence, et de la concupiscence la
vie. Tous les êtres vivans, en aimant
la vie, en aiment aussi l'origine.
L'amour induit à concupiscence est
la cause de la vie; l'amour de la vie
en est l'effet.[44]

In questo passaggio vediamo che
il concetto di "amore" (*ai* 愛) nel
buddismo cinese corrisponde
perfettamente all'*amour original*
di Anquetil e alla "volontà" di
Schopenhauer. Nel *Tristano* di
Wagner, questo "desiderio eternamente rinato" si esprime nel
mezzo che, secondo Schopenhauer, incarna direttamente la volontà
come nessun'altra arte: la musica.
Il motivo del desiderio, l'accordo
tristaniano, esprimono la ferita di
cui soffre Tristano e che tormen-
terà Amfortas nel *Parsifal*.
L'intuizione di Prakriti su "questo
lato del mondo" - il mondo della
tormentata trasmigrazione in

[p. 89] Anche lo sguardo di Prakriti, dunque, si volge in questa
direzione, verso questo lato del
mondo. Il mondo tormentato
dalle trasmigrazioni, che col

<table>
<tr><td>

un ciclo infinito di vita e morte (*saṃsāra*) - capovolge il mondo della voluttuosa giovane donna e la conduce dritta ai voti monastici: un corso di eventi perfettamente adatto alla rappresentazione drammatica. La "vita-e-morte" era già stata al centro della maledizione nell'*Olandese volante* e perseguita Kundry nel *Parsifal*:

Oh! – Se tu conoscessi la maledizione che mi tormenta e mi perseguita attraverso notte e giorno, morte e vita, pena e riso, equipaggiandomi per una sofferenza sempre rinnovata, senza fine tormentando la mia esistenza![45]

Ma come poteva l'artista rappresentare il *nirvāna*? Questa domanda era al centro dei ricorrenti dubbi di Wagner sulla fattibilità del progetto del progetto dei "Vincitori".

All'inizio di una revisione di questo progetto, nel maggio del 1868, Wagner annotò la seguente equazione:

Verità = Nirvana = Notte
Musica = Desiderio = Occaso
Poema = Sansara = Giorno[46]

Una precedente lettera di Wagner a Liszt[47] indica che per lui (come già per Schopenhauer) la rappresentazione indiana della creazione

</td><td>

suo ciclo infinito di vita e morte (*samsara*), ribalta letteralmente il mondo della voluttuosa fanciulla e la conduce alla scelta dei voti monastici. Un corso degli eventi che ben si attaglia ad una rappresentazione drammatica. Vita e morte, che hanno già costituito il nucleo granitico di quasi tutte le opere precedenti, ora raggiungono anche Kundry nel lussureggiante incanto del giardino di Klingsor:

Oh! – Se tu conoscessi la maledizione che, attraverso sonno e veglia, attraverso morte e vita, pena e riso, a nuovi dolori mi ritempra e senza fine tormenta il mio essere!

Il dubbio che tormenta Wagner, sul modo in cui dar vita musicale ad una concezione trascendentale, come quella del nirvana, è talmente profondo da indurlo a numerosi ripensamenti sulle reali possibilità di insufflare vita artistica e [p. 90] musicale in un progetto come quello dei "Vincitori".

All'inizio di una delle revisioni del progetto, Wagner, nel maggio 1868, lascia sul Libro Bruno, la seguente annotazione schematica:

Verità = Nirvana = Notte
Musica = Desiderio = Occaso
Poema = Sansara = Giorno

Wagner, in una precedente lettera a Liszt, affermava che per lui, come ancor prima per Schopenhauer, la rappresentazione

</td></tr>
</table>

App, Richard Wagner and Buddhism (2011)	Giorgio Tagliabue, Wagner e il nirvana (2022)
del mondo da parte di Brahma come "peccato" esprime l'intuizione centrale del pessimismo in forma mitica. Secondo Wagner, questo insegnamento induista è apparso nella "sua trasfigurazione finale e nella sua massima perfezione" nel buddismo, i cui santi raggiungono "la completa negazione della volontà di vita" e, "pieni di nient'altro che di compassione per tutti gli esseri viventi", passano nel "Nirvana", cioè nel regno del non-più-essere ("das Land des Nicht-mehr-seins").[48]	indiana della creazione del mondo di Brahma come una *colpa*, esprimesse il nucleo centrale del pessimismo in forma mitica. In accordo con Wagner, questo insegnamento induista appare, *nella sua trasfigurazione finale e nella sua più alta perfezione*, nel buddhismo, i cui santi raggiungono la completa negazione della volontà di vivere e, riempiti di null'altro che la compassione per tutti gli esseri viventi, accedono al nirvana, che è *Das Land des Nicht-mehr-seins*. [citazione di questa lettera, pp. 90-91]
Questo regno al di là dell'essere, della volontà di vita e dell'egoismo appare nell'equazione di Wagner - proprio come in *Tristano* - come la "notte". Al contrario, la poesia, la ragione e la consapevolezza ordinaria [p. 40] appartengono al regno della *vita-e-morte* (*saṃsāra*) e al "giorno". Tra questi due regni troviamo la musica come crepuscolo:	[p. 92] Questo reame, che si situa *al di là della volontà di vita e dell'egoismo* appare essere, nella summenzionata equazione di Wagner, proprio il medesimo del Tristano: *la notte*. Per contrasto, poesia, ragione e consapevolezza appartengono al regno di *vita e morte* (*samsara*) e al giorno. Tra questi due regni s'interpone la musica, che si eleva nel Crepuscolo.
Inizia il tormento della vita. Il paradiso è perduto. La musica del Mondo di Bramâ è un promemoria: conduce alla verità. Chi lo comprende? Il latte che non è sgorgato da nessuna vacca?[49]	*Il tormento della vita ha inizio. Il paradiso è perduto. La musica del Mondo-Brahma lo richiama alla memoria: essa conduce alla verità. Chi lo comprende? Il latte che non sgorga da nessuna vacca?*
Subito dopo questo passaggio, Wagner si chiede:	Subito dopo, Wagner fa seguire a queste, altre righe, domandandosi:
Bramâ - diventa desiderio come musica; e la musica che è rivolta verso Sansâra [diventa] poesia. Qual è l'altro lato opposto a	*Brahma – diviene desiderio, come musica; musica rivolta al samsara, arte poetica; qual è l'altro, il lato opposto al samsara? Nirvana –*

Samsâra? Nirvâna - limpida, pura armonia?[50]

Le revisioni di Wagner dei *Vincitori* cercarono risposte drammaticamente accettabili a questa domanda — e *Parsifal* è, a mio parere, una di queste risposte.

Nelle sue revisioni di *Die Sieger*, tuttavia, Wagner scelse una strada particolare, in quanto permise che il cosiddetto "vittorioso e perfetto"[51] Buddha arrivasse davvero a compimento solo alla fine.

Nell'ottobre 1858, Wagner legge nel libro di Burnouf (p. 278) che il Buddha, in origine, non aveva accettato nessuna monaca nella sua comunità; persino la zia e la madre adottiva avevano ottenuto questo onore solo dopo ripetute richieste da parte di Ananda.

Wagner sostituisce ora la vecchia zia con la fanciulla Prakriti, guadagnando così, come scrive a Mathilde Wesendonck, "qualcosa di estremamente importante": [p. 35]

limpida, pura armonia.

Le revisioni di Wagner dei Vincitori documentano della costante ricerca di una risposta a tutte quelle domande: una risposta che potesse essere accettabile. Parsifal si propone proprio come una di esse.

Forse, l'unica trovata.

Certamente, l'ultima ascoltata.

Nel rielaborare Die Sieger, Wagner si pone di fronte ad un'interessante prospettiva, nella quale il *vittorioso e perfetto* Buddha consegue tale perfezione solo nella scena finale. [p. 93]

Nell'ottobre 1858, Wagner legge, nel libro di Burnouf, che il Buddha aveva originariamente rifiutato di accettare le donne nella sua comunità religiosa e aveva negato questo privilegio perfino all'amata zia, che lo aveva raggiunto. In accordo con la tradizione, il Buddha si flesse solo dopo ripetute richieste di Ananda.

Rimpiazzando l'attempata zia con la voluttuosa fanciulla Prakriti, Wagner ebbe a guadagnare, come confidava a Mathilde Wesendonk, qualcosa che giudicava di estrema importanza.

Śākyamuni *era, dapprima, assolutamente ostile ad ammettere le donne nella comunità dei santi. [...] Il suo discepolo prediletto, Ananda [...] fu quegli che indusse, alla fine,*

Senza alcuna costrizione, il mio disegno riceve una grande e potente espansione. La cosa difficile era rendere questo essere umano completamente liberato, il Buddha stesso, che si era liberato da ogni passione, adatto alla rappresentazione drammatica e, in particolare, musicale. Il problema è ora risolto dal fatto che egli stesso raggiunge uno stadio finale di sviluppo, assorbendo una nuova conoscenza, che qui - come tutte le conoscenze - non gli viene portata attraverso astratte connessioni concettuali, ma attraverso una vivida esperienza emotiva, quindi attraverso l'agitazione e il movimento del suo stesso essere interiore, e che quindi lo mostra in una progressione finale verso la massima perfezione. [...] Quando Ananda, già in preda al più profondo dolore, crede di dover abbandonare la speranza, Çakya,[52] attratto dalla sua compassione e come da un ultimo problema, la cui soluzione ha ancora ritardato la sua permanenza nell'esistenza, si sente deciso a mettere alla prova la ragazza. [...] Al comandamento principale ella è finalmente abbastanza sincera da crollare impotente; a questo punto (forse tu ricordati?) si svolge la ricca scena con i bramini, che lo accusano di aver avuto rapporti con tale ragazza come prova della falsità del suo insegnamento. Nel rifiuto di questa arroganza umana, il suo crescente interesse per la ragazza, di cui rivela a se stesso e ai suoi opposi-

il maestro a rinunciare al suo rigore [...] Con questo particolare mi assicurai qualcosa di grandissima importanza. Senza alcuna costrizione, il mio disegno si sviluppò ampiamente e maestosamente.

*tori le esistenze precedenti, raggiun-
ge infine una forza tale che, quando
ella [...] si dichiara pronta per ogni
voto, egli la accoglie tra i santi, come
per la propria trasfigurazione finale,
e considera così concluso il suo percorso redentore nel mondo, rivolto
a tutti gli esseri, dal momento che
ha potuto concedere la redenzione
anche - direttamente - alla donna.*[53]

Invece di un'illuminata perfezione
che si sarebbe rivelata difficile da
esprimere sia musicalmente che
drammaticamente, Wagner preve-
deva quindi una figura di Buddha
con un difetto che lasciava spazio
allo sviluppo e al progresso verso
una meta finale.

Il succo [p. 43] di questo sviluppo
può essere caratterizzato dal motto
"durch Mitleid wissend" ("sagezza
attraverso la compassione"), che
è lo stesso concetto che in seguito
divenne la frase chiave dell'ultima
opera di Wagner, il *Parsifal*.

Proprio come il Buddha de *I
vincitori*, l'eroe di *Parsifal* deve trovare, attraverso la compassione, la
strada verso la saggezza illuminata
che lo qualifica come redentore.

Contemporaneamente, l'espansione della leggenda di Burnouf da
parte di Wagner permise anche la
rappresentazione drammatica del-

Invece di un'illuminata perfezione,
che sarebbe stata assai complicata
da esprimere, sia drammaturgica-
mente che musicalmente, Wagner
decide, dunque, di delineare una
figura gravata da un difetto. Un
difetto tale da permettere un'aper-
tura dello spirito verso un ulteriore
sviluppo, fino al raggiungimento
della meta finale, quella della totale
illuminazione del personaggio.

Il nucleo di questo sviluppo sarà
quello contenuto nel [p. 94] motto
"durch Mitleid wissend", che sarà
alla base del concetto fondamentale dell'opera con cui Wagner
conclude e termina il suo ciclo
artistico, musicale, filosofico, spirituale ed esistenziale.

Proprio come il Buddha in Die
Sieger, Parsifal deve trovare, attraverso la compassione, il sentiero
che lo conduce verso quell'illuminante saggezza che permette la sua
identificazione quale redentore.

Contemporaneamente, l'espansione che Wagner fornisce alla
leggenda di Burnouf gli concede
anche di poter rappresentare la

la mascolinità e della femminilità in senso schopenhaueriano.

Ciò è espresso in un'osservazione scarabocchiata da Wagner a margine dell'ultima pagina del saggio "Sul femminile nell'umanità" ("Über das Weibliche im Menschlichen") - la stessa pagina che giaceva incompiuta sulla sua scrivania quando morì a Venezia il 13 febbraio 1883.

Poche ore prima della sua morte improvvisa, Wagner scrisse: "Idealità dell'uomo - naturalezza della donna - Buddha". Subito dopo spiegò: "Tuttavia, il processo di emancipazione della donna avviene solo se accompagnato da convulsioni estatiche. *Liebe — Tragik* (Amore - tragedia)".[54]

L'ultima frase scritta da Wagner colloca queste osservazioni nel contesto del progetto *Die Sieger*: "È una bella caratteristica della leggenda che [Buddha] il Vittorioso-Perfetto sia spinto ad accettare la donna" [54]. Così, alla fine, anche la donna viene liberata DELL'amore.

Così come Kundry attraverso Parsifal, Prakriti si rende conto, grazie all'insegnamento compassionevole del Buddha, che la rinuncia

---

drammatica conflittualità tra maschile e femminile, intesa in senso schopenhaueriano, che viene espressa molto bene da quelle due parole, vergate a margine dell'ultima pagina di quel saggio incompiuto, che si pone a suggello del suo titanico pensiero. Una riflessione che, come ben sappiamo, non sarebbe mai giunta a compimento, poiché, in quel pomeriggio di un giorno di febbraio, la nera signora apportatrice di pace sarebbe giunta fino alle stanze di palazzo Vendramin Calergi, per donare al Maestro quella serenità della quale egli, in vita, non aveva mai goduto. Poche ore prima della sua morte, Wagner aveva scritto: "Idealità dell'uomo – Naturalezza della donna – Buddha". Poi aggiunse immediatamente: "Nondimeno, il processo di emancipazione della donna avviene solo accompagnato da spasimi estatici". Ed infine: "*Amore – Tragedia*".

La donna viene infine liberata *dell'amore*. Come se questo fosse il più potente condizionamento della volontà e la fonte di un dolore che si rinnova costantemente.

Così come Kundry, che viene liberata dalla sua tormentante bramosia dal rifiuto di Parsifal, Prakriti comprende, [p. 95] tramite il

totale è l'unica via possibile per la salvezza.

L'ossessione amorosa deve trasformarsi in un'illimitata compassione; la gratificazione del desiderio in rinuncia assoluta; la giovane fiorente beltà in una monaca; e il Buddha, "ottenendo sagezza illuminata attraverso la compassione", deve arrivare all'allontanamento permanente dalla ruota della nascita e della morte diventando, finalmente, un vero *Perfetto-Vittorioso . . .* [p. 44]

Purtroppo, nonostante questi affascinanti scenari e revisioni, Wagner alla fine non scrisse né il libretto né la partitura musicale de *I vincitori.*

Una delle ragioni della sua reticenza sembra essere stata l'esotico immaginario indiano richiesto per la messa in scena di un'opera del genere.

compassionevole insegnamento del Buddha, che l'unica possibile via di salvezza è la totale rinuncia.

L'ossessione amorosa deve essere mutata in un'illimitata compassione; la gratificazione del desiderio, in una totale rinuncia; la giovane e fiorente beltà deve divenire un'amorevole sorella e il Buddha, che guadagna la visione interiore grazie alla compassione, deve ottenere l'eterno distacco da quella ruota che porta con sé vita e morte. Egli diviene realmente, in tal modo, il *Perfetto-Vittorioso,* il *Sieger* a cui anche Wagner guardava come spirituale punto d'arrivo.

Purtroppo, ad onta di così affascinanti scenari e di meditate e periodiche revisioni, Wagner infine non riuscì a scrivere né il poema, né la musica dei Vincitori, che gli lasciarono, per il resto della sua vita, un intenso rimpianto, come il Diario di Cosima testimonia:

R.[ichard] lavora alla sua partitura e mi dice che l'avversione che egli nutre per stregoni e nature malvage, potrebbe forse indurlo a comporre Die Sieger, poiché là tutto è così lieve.

Tra le ragioni pratiche delle forti resistenze che hanno impedito la creazione dell'opera, vanno citate le enormi difficoltà che la realizzazione di un allestimento scenografico della stessa, con il suo intenso esotismo, avrebbe comportato. [p. 96]

Alla fine del 1882, pochi mesi prima della morte del marito, la moglie di Wagner, Cosima, scrisse nel suo diario:

Ora parliamo quasi costantemente di Buddha; recentemente R[ichard] ha osservato che sarebbe stato impossibile per lui comporlo [I vincitori] se avesse avuto a che fare con alberi di mango, fiori di loto, ecc.[55]

Due ulteriori motivi sono stati menzionati nel diario di Cosima circa due anni prima, subito dopo che Wagner aveva finito di comporre il *Parsifal*:

Mentre è ancora a letto mi dice: "Se tu mi tieni bene, mi vesti bene, mi nutri bene, allora comporrò ancora I vincitori". - Il problema qui è il luogo e la lingua. Nel cristianesimo c'è una semplicità esaltata, mentre nel buddismo c'è così tanto da imparare - e si dà la formazione sia molto poco artistico". Parliamo del fatto che più o meno lo stesso tema (la salvezza della donna) sarebbe stato trattato in entrambe le [opere], Parsifal e Die Sieger.[56] [p. 45]

Inoltre, la preferenza di Cosima per Cristo potrebbe aver giocato un ruolo.

Il compositore, come Cosima annota ancora una volta, non smetterà mai di accennare al desiderio di por mano a questa sua ipotetica creatura e ancora alla fine del 1882, pochi mesi prima della sua morte, egli accennerà ad essa con rammarico:

Noi ora parliamo quasi costantemente del Buddha. R.[ichard] commentava nuovamente che sarebbe stato impossibile per lui comporlo, se avesse dovuto aver a che fare con gli alberi di mango, i fiori di loto, ecc.

Altre ragioni erano già state menzionate da Cosima, circa due anni prima, proprio dopo la conclusione del Parsifal:

Ancora a letto mi dice: «Se tu mi tratti bene, mi vesti e mi nutri bene, io potrei ancora comporre "I Vincitori". La difficoltà sta nelle scenografie e nel linguaggio. Nella cristianità vi è un'esagerata semplicità, laddove nel buddhismo, vi è così tanto da imparare, e la formazione è molto anti-artistica». Noi parliamo di ciò che si mostra come lo stesso tema (la salvezza della donna) che, sia nel Parsifal che nei Sieger, viene trattato. [p. 97]

In aggiunta alle numerose problematiche evidenziate, pare che la particolare predilezione di Cosima per il Cristo abbia giocato un ruolo non marginale nella costruzione del ricco simbolismo del Parsifal.

Poco dopo la visita di Friedrich Nietzsche a Bayreuth, nel novembre del 1873, Cosima paragonò il potenziale drammatico dei due fondatori della religione come segue:

L'unica leggenda che supera quella del Buddha è quella di Cristo; perché in essa tutto è azione del cuore - il presepio, la cena del Signore, la croce. Buddha non commuove, lui insegna. Cristo insegna anche, ma lo fa commuovendoci.[57]

[nota 57, p. 71] Wagner, come il suo mentore Schopenhauer, sembra aver conservato, fino all'ultimo dei suoi giorni, un'altissima considerazione del buddhismo. Verso la fine della sua vita (1 ottobre 1882), sua moglie Cosima scrisse:

Egli dichiara che il buddismo è un fiore dello spirito umano rispetto al quale tutto ciò che è seguito è decadenza, e dal quale è sorto di nuovo, per compressione, il cristianesimo. Nel buddismo lui percepisce una straordinaria forza giovanile dello spirito umano, non dissimile dal periodo nel quale fu inventato il linguaggio. La mancanza di qualsiasi tipo di vincolo, e quindi di una chiesa; la possibilità di tornare alla vita laica quando il monachesimo non era più adatto a un monaco; nessun culto di un Dio, solo pentimento e opere buone. Questa felice

Subito dopo la visita di Friedrich Nietzsche a Bayreuth, nel novembre del 1873, la Signora di Bayreuth si sarebbe concessa personali considerazioni, nelle quali una comparazione del potenziale drammaturgico dei due fondatori di religioni veniva preso in considerazione:

La sola leggenda che supera quella sul Buddha, è quella sul Cristo, poiché in essa ogni cosa è un moto del cuore; la greppia, la cena, la croce. Buddha non commuove, lui insegna. Anche Cristo insegna, ma lo fa commuovendoci.

Wagner, come il suo mentore Schopenhauer, conserverà, fino all'ultimo dei suoi giorni, un'altissima considerazione del buddhismo. Ne sono testimonianza le parole di Cosima che, il 1° ottobre 1882, annota le considerazioni del marito.

Il buddhismo è il fiore dello spirito umano, al cui confronto tutto ciò che viene dopo è solo decadenza. Da esso, a seguito di una compressione, è sorto il cristianesimo. Nel buddhismo lui percepisce una straordinaria forza giovanile dello spirito umano, [p. 98] non dissimile dal periodo nel quale fu inventato il linguaggio. L'assenza di ogni tipo di costrizione e, quindi, di una Chiesa; la possibilità di ritornare allo stato laicale, quando la vita monastica non si confà più oltre al religioso; nessuna adorazione di un Dio; solo pentimento e

App, Richard Wagner and Buddhism (2011)	Giorgio Tagliabue, Wagner e il nirvana (2022)
mancanza di organizzazione spiega anche la facilità con la quale esso sia stato soppiantato da un potere organizzato come il brahmanesimo. [...] E spesso egli [R. Wagner] cita Buddha e Rousseau; il primo non ha pronunciato ciò che sapeva dell'inizio e della fine delle cose, e il secondo non ha saputo dire ciò che aveva visto nel suo cuore. Cosima Wagner, *Die Tagebücher*, vol. 2, p. 1012.	*opere buone. Questa felice mancanza di organizzazione spiega anche la facilità con la quale esso sia stato soppiantato da un potere organizzato come quello del brahmanesimo. [...] Lui menziona spesso il Buddha e Rousseau; l'uno non si esprime su ciò che egli sa del principio e della fine delle cose e l'altro, che non poteva dire ciò che vi aveva visto all'interno.*
[p. 45 cont.] Per Wagner, l'essenza del cristianesimo e del buddismo consisteva nella rinuncia e nella compassione. Non può sorprenderci quindi che il tema dei *Vincitori* abbia occupato la sua mente per molti anni. Nel 1873 Cosima scriveva:	Per Wagner l'essenza che accomunava il buddhismo e la cristianità consisteva nella rinuncia e nella compassione. Così non può sorprenderci il fatto che il soggetto dei Vincitori abbia occupato la sua mente per così tanti anni. Ancora nel 1873 Cosima scriveva:
La sera R[ichard] ci legge il piccolo schizzo di Die Sieger [I vincitori]. - Che meraviglia. Prego Dio che mi protegge di creare anche quest'opera - Dio mi concederà questo desiderio, e io lo desidero così tanto che vorrei costringerlo con la preghiera delle mie azioni! [58]	*A sera R[ichard] ci legge un piccolo estratto dai Vincitori. Che meraviglia. Io spero in Dio, che mi protegge, che lui possa creare anche quest'opera. Dio mi esaudirà e io voglio, desidero forzarlo con la preghiera delle mie azioni! ...* *R[ichard], letta in Burnouf la "leggenda originale", dice che a 70 anni scrive il Parcival, a 80 I Vincitori; io dico a 65 e 70. Egli aggiunge, se io con il mio poco coraggio, non lo freno e lui non deve affrettarsi a lasciare definitivamente la casa. Ne ridiamo; io, però, sempre respingendo le lacrime.*
Il fatto che il progetto per *Die Sieger* abbia occupato Wagner per due decenni e mezzo può avere, oltre al fascino della leggenda di Burnouf, [p. 46] anche un'ulte-	Che il progetto per Die Sieger occupasse Wagner per quasi tre decadi, a parte il fascino esercitato su di lui dalla leggenda di Burnouf, era sostenuto anche da un'al-

riore ragione: il tema principale dei *Vincitori*, quello della trasmigrazione delle anime, si adattava perfettamente all'espressione musicale nella forma della tecnica del *Leitmotiv* di Wagner, in cui temi musicali riconoscibili rinascono costantemente con sottili cambiamenti e in modalità diverse.

Wagner se ne accorse fin dall'inizio del suo studio della leggenda buddista nel libro di Burnouf:

Oltre alla bellezza e alla semplicità profondamente significativa della leggenda, la mia scelta fu immediatamente influenzata dal suo particolare rapporto con il procedimento musicale che si era allora sviluppato dentro di me. Per lo spirito del Buddha, la vita precedente nelle nascite precedenti di qualsiasi persona prima di lui è aperta come quella attuale.
Ora, la semplice storia acquistava il suo significato grazie al fatto che la vita passata dei protagonisti sofferenti è intessuta nella vita attuale come qualcosa di totalmente presente. Ho capito subito che questo poteva essere portato a casa emotivamente solo attraverso la reminiscenza musicale della vita precedente che risuona continuamente in quella attuale. Questo mi ha fatto attendere con particolare affetto il compito di creare quest'opera.[59] [p. 47]

tra ragione: il tema preminente dei Vincitori, quello della trasmigrazione delle anime, era perfetto per adattarsi all'espressione musicale del compositore, il quale si serviva della magistrale tecnica dei Leitmotiv, secondo la quale ogni tema musicale era sottoposto a costanti *trasmutazioni, estinzioni* e *rinascite*, nel corso delle quali esso ritorna con sottili modifiche e in differenti modalità.

Wagner stesso fa menzione di ciò all'inizio del suo studio della leggenda buddhista contenuta nel libro di Burnouf:

A parte la comprensibile e profondissima bellezza della leggenda e la sua semplicità, [p. 100] la mia scelta fu immediatamente influenzata dalla sua particolare attinenza con il procedimento musicale che si era sviluppato dentro di me. Di fronte allo spirito del Buddha stava infatti la vita passata nelle precedenti rinascite, così come il presente, che ogni essere incontrato apriva a lui. La semplice storia otteneva il suo significato attraverso il fatto che la vita passata dei sofferenti protagonisti fosse intrecciata alla vita attuale, come qualcosa che giocasse un ruolo determinante nel presente. Io riconobbi subito che questo poteva essere ottenuto solo emozionalmente, attraverso le reminiscenze musicali della vita precedente, che costantemente risuonano in quella attuale. Tutto questo mi disponeva, con particolare volontà, alla creazione di questo lavoro.

Le nuove prospettive che si aprivano attraverso *I vincitori* e il motivo della trasmigrazione delle anime influenzarono anche la valutazione di Wagner delle figure delle sue opere precedenti, come traspare da un'altra lettera a Mathilde Wesendonck:

Solo la profonda accettazione della trasmigrazione delle anime poteva mostrarmi il confortante punto di fuga della salvezza verso il quale alla fine tutto converge. [...]

In accordo con la bella concezione buddista, l'immacolata purezza di Lohengrin si spiega con il fatto che egli è la continuazione di Parsifal che l'ha conquistata per primo. Allo stesso modo, Elsa nella sua rinascita avrebbe raggiunto il livello di Lohengrin. Quindi, nella mia mente, il piano dei "Vincitori" sembrava essere il seguito finale di Lohengrin. Qui, "Sawitri" (Elsa) raggiunge completamente "Ananda".[60]

Tuttavia, l'opposto della rinuncia e della "purezza immacolata" era una forza almeno altrettanto potente; infatti, anche dopo la sua conversione alla filosofia di Schopenhauer, Wagner era una sorta di ottimista pratico. Ciò è evidente, ad esempio, [p. 48] in una nota che il compositore scrisse verso l'inizio di aprile del 1864 durante un soggiorno piuttosto depresso a

La nuova prospettiva che si apre per mezzo dei Vincitori e l'argomento della trasmigrazione delle anime in!uenza anche la valutazione delle figure dei suoi precedenti lavori, come traspare da un'altra lettera inviata a Mathilde Wesendonk: [p. 101]

Solo il senso di profonda accettazione della trasmigrazione delle anime potrebbe mostrarmi il confortante punto, verso il quale, tutto infine confluisce allo stesso livello di salvezza, e dopo il quale i differenti corsi della vita, che nel tempo scorrono separati l'uno accanto all'altro, si sono comprensibilmente scontrati fuori di esso. In accordo con la bella concezione buddhistica, l'immacolata purezza di Lohengrin diviene facilmente comprensibile, dall'essere egli la continuazione di Parsifal, che la sua purezza ha dovuto conquistarsela. Parimenti, Elsa, nella sua rinascita, arriverebbe fino a Lohengrin. Così, il progetto dei Vincitori, mi appare come la continuazione del Lohengrin. Qui, Sawitri (Elsa) raggiungerebbe, in modo totale, Ananda.

Persino dopo la sua conversione alla filosofia di Schopenhauer, Wagner restava pur sempre una sorta di attivo ottimista. Questo risulta evidente da un'annotazione che il musicista scrive attorno all'inizio di aprile del 1864, durante un alquanto deprimente soggiorno in Meilen, sul lago di [p. 102] Zurigo, durante il quale si dedicava a prendere in esame un

App, Richard Wagner and Buddhism (2011)	Giorgio Tagliabue, Wagner e il nirvana (2022)
Meilen, sul lago di Zurigo, dove si dedicava alla letteratura mistica:	genere di letteratura mistico:

Buddha - Lutero. - India - Germania del Nord. In mezzo: Cattolicesimo (Sud - Nord). Medioevo. Al fiume Gange: dolce e pura rinuncia; in Germania: impossibilità monastica. Lutero scopre questa impossibilità climatica di mettere in pratica il gentile insegnamento del Buddha sulla rinuncia: qui, dove si mangia carne, si bevono bevande fermentate, ci si veste pesantemente e si riscaldano le case, ciò è impossibile: qui bisogna trasgredire. La nostra vita qui è tale che senza "vino, donne e canti" non possiamo sopportarla e non possiamo nemmeno servire il vecchio Dio.[61]

Ma la visione "ottimistica" dell'amore di Wagner era apprezzata anche dalle sue frequentazioni femminili e dal suo sponsor più generoso, il re Ludwig II di Baviera. Questo regale ammiratore di Wagner era entusiasta del progetto dei *Vincitori* e il compositore favorì questi sentimenti regalandogli una copia del libro di Burnouf.

Il re era ansioso di mettere in scena *Die Sieger* nel 1870, come Wagner gli aveva annunciato. Tuttavia, Ludwig preferiva il finale feuerbachiano-ottimistico del ciclo dell'*Anello dei Nibelunghi* e fece pressioni su Wagner affinché lo componesse per lui.

Buddha – Lutero – India – Germania del Nord. In mezzo: cattolicesimo. (Sud – Nord). Medioevo. Al fiume Gange: gentile e pura rinuncia. In Germania: impossibilità monastica. Lutero scopre la climatica impossibilità di realizzare il gentile insegnamento del Budda alla rinuncia. Qui, dove noi mangiamo carne, consumiamo bevande fermentate, ci vestiamo pesantemente e riscaldiamo le nostre case, ciò è impossibile: qui noi dobbiamo trasgredire. La nostra vita è tale che, senza vino, donne e canti, noi non potremmo sopportarla e non potremmo neppure servire gli antichi dèi.

L'ottimistica visione dell'amore di Wagner era anche molto popolare tra tutte le sue conoscenze femminili, compreso il più generoso dei suoi patrocinatori; re Ludwig II di Baviera. Questo regale ammiratore era contentissimo del progetto dei Vincitori e il compositore avrebbe alimentato tale sentimento presentandosi al sovrano con una copia dell'opera del Burnouf.

Il re era ansioso di metter in scena Die Sieger nel 1870, [p. 103] come Wagner gli aveva preannunciato. Nonostante ciò, Ludwig continuava a preferire il finale feuerbachiano e ottimistico a conclusione del ciclo del Ring e faceva pressioni su Wagner affinché questi lo componesse, almeno per lui.

Wagner lo accontentò, ma solo con un ascetico accompagnamento pianistico piuttosto che con un'opulenta partitura orchestrale, e solo a condizione che l'esecuzione dell'ottimistico finale fosse limitata al regale uditorio.

Anche se quest'anima ottimista nel petto di Wagner continuava a sprigionare fiamme e rifiutò di spegnersi come quella di Ananda, la rinuncia (*die Entsagung*) si affermò come punto di fuga delle sue opere d'arte.

Nel *Parsifal*, con i suoi motivi indiani e la sua trama che ricorda molto quella de *I vincitori*, questa tendenza avrebbe raggiunto il suo apice.

Wagner, obbligato, ma solo con l'ausilio di un ascetico pianoforte al posto di una ridondante orchestra e solo alle condizioni che l'esecuzione dell'ottimistico finale fosse rigorosamente limitata al regale uditorio, cedette al capriccio del re.

La *Verzicht*, che aveva cominciato a sospingere con forza il compositore verso le filosofie del lontano Oriente, l'avrebbe condotto, come punto conclusivo della sua intera produzione artistica e del suo percorso vitale, nelle lande del Monsalvat, nelle quali tale rinuncia rivendicava la propria fondamentale importanza.

Nel Parsifal, con i suoi motivi e la sua vicenda, che così tanto assomiglia a Die Sieger, la potente pulsione della *Verzicht* avrebbe raggiunto il suo apice conclusivo.

T 5: Orientalia nella biblioteca privata di Wagner presso l'Archivio Wagner di Bayreuth
Foto: Urs App, 1998

[p. 51]

Wagner e il buddismo Mahayana

Nelle mie spiegazioni ho intenzionalmente messo in evidenza il punto di vista di Wagner sul buddismo e ho cercato di capire dall'interno - attraverso le sue opere d'arte, lettere e diari - cosa lo interessava del buddismo e come vedeva questa religione. In una lettera del gennaio 1857 scrive quanto segue sul suo modo di leggere i libri: "Mi capita raramente di leggere quello che ho davanti, ma piuttosto quello che ci metto dentro".[62] Lo studio intensivo e prolungato di Wagner sugli scritti di Schopenhauer può essere una delle eccezioni.

Tuttavia, per quanto riguarda i libri sul buddismo, sembra che egli sia stato guidato principalmente dall'interesse di trovare temi interessanti per il dramma musicale.

La sua comprensione dell'insegnamento buddista era in gran parte influenzata dallo studio delle opere di Schopenhauer.

[p. 52]
In una lettera del gennaio 1857, Wagner scriveva le seguenti parole sul suo modo di leggere i testi riguardanti la religione buddhista: «Nel mio caso, accade molto raramente che io legga ciò che mi sta davanti; leggo, piuttosto, attraverso di esso».

È una confessione che, oltre a farci intendere come la lettura costituisse per lui un forte motivo di riflessione, ci dà modo di capire come, nella lettura dei libri sul buddhismo, egli appaia fondamentalmente spinto dal suo interesse nel reperire interessanti soggetti sui quali costruire i suoi drammi musicali.

La sua comprensione degli insegnamenti del Buddha era attinta, per la maggior parte, dallo studio delle opere del grande filosofo Arthur Schopenhauer, il quale, da grande estimatore delle filosofie e delle religioni orientali, come [p. 53] l'induismo e il buddhismo, le aveva ampiamente inglobate nella forma di pensiero che aveva dato vita, sia a Il mondo come volontà e rappresentazione, che ad altri suoi saggi.

Questo è la principale ragione per la quale gli studi su Wagner e il buddismo - compreso il presente contributo - danno e devono dare molto spazio a Schopenhauer.

La questione del rapporto tra la filosofia di Schopenhauer e la dottrina buddista sarà affrontata altrove.

Qui aggiungerò solo alcune osservazioni sull'appropriazione creativa da parte di Wagner di dottrine e leggende buddiste.

Le pubblicazioni su "Wagner e il buddismo" (si veda la bibliografia), esattamente come quelle sul tema intimamente connesso di "Schopenhauer e il buddismo", hanno sofferto di un difetto fatale: i loro autori non hanno quasi mai preso nota delle fonti attuali di Wagner e Schopenhauer.

Questa è la principale ragione per la quale lo studio dei rapporti tra Wagner e il buddhismo deve transitare doverosamente attraverso il pensiero e gli scritti del filosofo di Danzica.

La questione inerente alla relazione tra l'opera di questo filosofo e la dottrina buddhista sarà solo superficialmente preso in esame nel presente scritto e per un più vasto approfondimento di questa tematica occorrerà prendere in esame studi ben più centrati su tale argomento.

Nel contesto del presente saggio, si tenterà di fare la massima chiarezza sul processo attraverso il quale Wagner si è appropriato della dottrina e delle leggende buddhiste, nella sua ricerca di stimoli di varia natura, mitologici, filosofici o religiosi, a fini creativi. Si proverà, altresì, a delineare quei rapporti letterari, drammaturgici e filosofici che legano il Ring al Parsifal, proponendo la tesi che induce a ritenere quest'ultima opera come la naturale continuazione e conclusione del ciclo del Ring.

[p. 53] Lo svedese Carl Suneson, ad esempio, nel suo libro *Wagner und die indische Geisteswelt*[63], altrimenti ben studiato, afferma che le più recenti scoperte scientifiche dell'indologia e della filosofia hanno "dimostrato che molte corrispondenze che Schopenhauer e i suoi contemporanei credevano esistessero erano in realtà basate su visioni errate del vero contenuto della maggior parte del pensiero indiano, soprattutto buddista".[64]

Per "pensiero buddista" Suneson intendeva principalmente il pensiero del buddismo Hīnayāna o Theravāda, la maggior parte dei cui testi in lingua Pali divenne nota in Occidente solo dopo la morte di Wagner.[65]

Di fatto, Schopenhauer e Wagner consultarono un'ampia varietà di fonti provenienti da varie forme di buddismo.[66] L'elenco di letture consigliate di Schopenhauer sul buddismo, che Wagner utilizzò come guida, contiene quasi trenta voci relative a molte forme e dottrine diverse del buddismo;[67] e i lettori dell'*Introduzione* di Burnouf - la fonte principale del progetto *I Vincitori* di Wagner - si rendono presto conto che le leggende buddiste del tipo utilizzato da Wagner difficilmente si adattano a categorie ampie e imprecise come Hīnayāna, Mahāyāna o Vajrayāna.

In contrasto alla critica comune (ma spesso infondata) di recepi-

In contrasto alle comuni critiche sul primo recepimento del bud-

menti relativamente precoci del buddismo come quelle di Schopenhauer e Wagner, ritengo che Wagner - soprattutto grazie al suo studio intensivo degli scritti di Schopenhauer e del libro di Burnouf - abbia acquisito una comprensione relativamente buona di una serie di dottrine essenziali del buddismo.

Tra queste, la visione dell'esistenza come sofferenza (il nucleo dell'intuizione di Prakriti); la brama come radice della sofferenza (espressa anche nell'idea di reincarnazione e illustrata in Prakriti e Kundry); l'egoismo come forma fondamentale di ignoranza (*avidyā*); il completo superamento di questa illusione (dalla "casa dei desideri" e "casa dell'illusione" [p. 54] di Brünnhilde alla "santissima terra eletta"); e naturalmente anche alcune dimensioni etiche del buddismo, in particolare la sua visione degli animali.

Wagner ha anche prestato attenzione agli insegnamenti che sono frequentemente - anche se spesso troppo esclusivamente - associati al buddismo Mahāyāna, ad esempio la natura illusoria dell'intero mondo fenomenico (*māyā*), la liberazione attraverso la realizzazione della vacuità (*śūnyatā*), e soprattutto la rappresentazione della saggezza illuminata (*prajñā*) e della compassione (*karuṇā*) come aspetti gemelli della perfezione.

dhismo, come quello di Schopenhauer e di Wagner, si può, con buon diritto, ritenere che quest'ultimo avesse raggiunto, principalmente per il suo intensivo studio degli [p. 54] scritti di Schopenhauer e del libro di Burnouf, una buona comprensione delle basi essenziali delle dottrine filosofiche che stavano a fondamento di tale religione.

Esse comprendono la visione dell'esistenza come sofferenza; del desiderio come radice della sofferenza stessa; dell'egoismo, come espressione fondamentale dell'ignoranza; del completo superamento della disillusione e naturalmente, su alcune dimensioni etiche del buddismo, in particolare la sua concezione di tutti gli esseri viventi, animali compresi.

Wagner offrì anche particolare attenzione a tutti quegli insegnamenti che sono spesso associati al buddhismo *mahāyāna*, come, ad esempio, la natura illusoria dell'intero mondo fenomenico, la liberazione tramite la realizzazione del vuoto e, in particolare, il raggiungimento della saggezza (*prajñā*) e della compassione (*karuṇā*) come componenti [p. 55] binarie della perfezione.

Nel progetto per *Die Sieger* e nel successivo *Parsifal*, la saggezza e la compassione svolgono un ruolo centrale.

In quest'ultimo caso, ciò è espresso nel motto centrale del *Parsifal*, che sostiene la necessità di ottenere la saggezza illuminata attraverso la compassione (*Durch Mitleid wissend*). Mentre questi ideali di *karuṇā* e *prajñā* chiariscono lo sfondo della religione di *Parsifal*, il vero colpo di genio di Wagner nei *Vincitori* risiede nel suo adattamento creativo della figura del Buddha *dall'Introduzione* di Burnouf.

Uno dei più grandi studiosi di Mahāyāna del Giappone moderno, Gadjin Nagao 長尾雅人, ha visto una caratteristica distintiva del Mahāyāna in una tendenza che egli etichetta con il termine cinese *xiangshang* (向上, giapp. *kōjō*). Il professor Nagao utilizza questo concetto per la tendenza osservata in molti testi del Mahāyāna a "non fermarsi", cioè a trascendere continuamente valori apparentemente assoluti.[68] Questa tendenza si vede in molti testi, ad esempio nel *Sūtra di Vimalakīrti* in cui il laico Vimalakīrti umilia i Bodhisattva più saggi e santi; o nella famosa frase del maestro Zen cinese Linji (giapp. Rinzai): "Morte ai patriarchi, morte al Buddha!"

Non è forse proprio questa tendenza che il genio drammatico Wagner

Nel progetto per *Die Sieger*, così come nel successivo Parsifal, sarà proprio il conseguimento di queste due componenti dello spirito a svolgere un ruolo fondamentale nella ricerca della redenzione.

Nel caso del Parsifal, questo binomio viene espresso dal motto centrale del dramma, che ne fonde la natura, concedendo la possibilità di accedere alla visione interiore e alla saggezza, solo attraverso la compassione (*durch Mitleid wissend*), ponendo gli ideali di *karunā* e *prajñā* come fondamentale retroterra della religione di Parsifal.

illustra nel suo adattamento della figura del Buddha nei *Vincitori*?

Anche il "Perfetto Vittorioso" [p. 55] deve ancora imparare qualcosa, deve salire un'altra rampa di scale: anche lui deve, in ultima analisi, *fare i conti con l'amore.*

NOTE

1   Hans-Joachim Bauer & Johannes Forner (a cura di), *Richard Wagner. Sämtliche Briefe*, Leipzig: VEB Deutscher Verlag für Musik, 1986, vol. 5, p. 26.

2   Bauer & Forner (a cura di), *Richard Wagner. Sämtliche Briefe* vol. 4, p. 319 ff. e vol. 5, p. 27.

3   Richard Wagner, *Gesammelte Schriften und Dichtungen*, Lipsia: E.W. Fritzsch, [3]1898, vol. 6, p. 13:

Nächtiges Dunkel
deckte mein Aug';
ihres Blickes Strahl
streifte mich da:
Wärme gewann ich und Tag.

4   Bauer & Forner (a cura di), *Richard Wagner. Sämtliche Briefe* vol. 5, p. 257: „Ich habe den Glauben an die Zukunft des Menschengeschlechtes, und diesen ziehe ich einfach aus meinem Bedürfnisse; es ist mir gelungen die Erscheinungen der Natur und der Geschichte mit der Liebe und Unbefangenheit über ihr wahres Wesen zu betrachten, dass ich nichts schlechtes an ihnen inne werden konnte, als – die Lieblosigkeit. Auch diese Lieblosigkeit konnte ich mir aber nur als eine Verirrung erklären, als eine Verirrung, die uns aus dem Zustande des natürlichen Unbewusstseins zum Wissen von der einzig schönen Nothwendigkeit der Liebe bringen muss . . .“

5   Bauer & Forner (a cura di), *Richard Wagner. Sämtliche Briefe* vol. 6, p. 251 ff. (no. 151; ad August Stöger): „Ein großes Geschenk ist mir jedoch geworden durch die Bekanntschaft mit den Werken des großen (35 Jahre lang absichtlich von den Professoren ignorirten) Philosophen Schopenhauer. Seine Hauptwerke musst Du Dir sogleich kommen lassen: 'Die Welt als Wille und Vorstellung' Leipzig. Brockhaus: dann 'Parerga und Paralipomena' Berlin, A. W. Hayn.“

6   Bauer & Forner (a cura di), *Richard Wagner. Sämtliche Briefe* vol. 6, p. 309 (no. 193; ad Emilie Ritter): „Alles, was in mir bereits voll und fertig war, was ich eigentlich in meiner Wodans-Dichtung schon bestimmt dargestellt habe, hat dieser klare, tiefe und gewaltige Geist mir vollends zum sicheren Bewusstsein gebracht: die einzig mögliche Erlösung durch die ernsteste Entsagung.“

7   Senza dubbio, le opere di Schopenhauer sono state la fonte di informazioni più influente per Wagner su questa religione. Esse hanno fornito lo schema generale in cui sono state inserite le informazioni specifiche. Come mostra la tabella cronologica che segue questa sezione di note, Wagner ha letto sul buddismo in tre fasi della sua vita, ognuna delle quali era incentrata su un'opera principale. Nella prima fase (intorno al 1856), si trattava dell'*Introduction à l'histoire du Buddhisme Indien* di Eugène Burnouf (Parigi: Imprimerie Royale, 1844); nella seconda, intorno al 1858, *Die Religion des Buddha und ihre Entstehung* di Carl Friedrich Koeppen (Berlino: Schneider, 1857); e nella terza e ultima, intorno al 1882, *Buddha, sein Leben, seine Lehre, seine Gemeinde* di Hermann Oldenberg (Berlino 1881).

8   *Fo* 佛 è un termine cinese che indica "Buddha"; è usato sia per il fondatore del buddismo sia per altri risvegliati.

9   Il giovane linguista e orientalista Julius Klaproth, editore di *Das Asiatische Magazin*, si limitò a tradurre con pochi (e per lo più ingiusti) emendamenti quanto pubblicato dal francese de Guignes: Joseph de Guignes, *Histoire générale des Huns, des Turcs, des Mogols, et des autres tartares occidentaux, & c. avant Jésus-Christ jusqu'à présent*, Parigi: Desaint & Saillant, 1756 (5 volumi). È possibile che Klaproth abbia utilizzato anche la traduzione tedesca dell'opera di de Guignes: Johann Carl Dähnert (tr.): *Allgemeine Geschichte der Hunnen und Türken, der Mogols und ander occidentalischen Tartarn, vor und nach Christi Geburt bis auf jetzige Zeiten*, Greifswald: Anton Ferdinand Röse, 1768-1771 (4 volumi).

Per maggiori informazioni sulla visione di de Guignes del buddismo e sul contributo di Klaproth si veda Urs App, *The Birth of Orientalism*. Filadelfia: University of Pennsylvania Press, 2010, ISBN 978-0-8122-4261-4 (pp. 188-253 su de Guignes) e Urs App, "Schopenhauers Begegnung mit dem Buddhismus. *Schopenhauer-Jahrbuch* 79 (1998): 35-58.

10 Charles Baudelaire, *Sur Richard Wagner. Richard Wagner et Tannhäuser à Paris*, Parigi: Les Belles Lettres, 1994, p. 31.

11 A.-H. Anquetil-Duperron, *Description historique et géographique de l'Inde*, Berlino: Pierre Bourdeaux, 1785, pp. 305–6.

Per il contesto storico e teologico della visione di Anquetil-Duperron sulle Upanishad si veda Urs App, *The Birth of Orientalism*. Filadelfia: University of Pennsylvania Press, 2010, ISBN 978-0-8122-4261-4 (pp. 363-439); Urs App, *Schopenhauers Kompass*. Rorschach / Kyoto: UniversityMedia, 2011 (ISBN 978-3-906000-02-2), e anche la versione inglese *Schopenhauer's Compass*. Wil: UniversityMedia, 2014 (ISBN 978-3-906000-03-9), in particolare il nuovo appendice su *Oupnek'hat*, il libro preferito di Schopenhauer (pp. 265-299).

12 Anche Schopenhauer usava questa parola, ma per lui non significava un qualche tipo di stato d'animo o predisposizione psicologica. Piuttosto, per lui "pessimismo" significava l'opposto dell' "ottimismo" che fa pensare a Dio "Ben fatto" dopo la creazione del mondo, e dell'idea che gli uomini possano salvarsi compiendo buone azioni (cfr. Andreas Dörpinghaus, *Untersuchungen zum philosophischen Pessimismus Arthur Schopenhauers*. Würzburg: Königshausen & Neumann, 1997). La descrizione di Paul Deussen della tipologia delle religioni di Schopenhauer è sostanzialmente congruente con la visione di Schopenhauer dell'ottimismo e del pessimismo. Deussen distingue due tipi fondamentali di religione. La prima, a suo avviso, è quella dell'infanzia dell'umanità. Utilizza precetti e divieti e di conseguenza promette premi o punizioni. "Si rivolge così all'egoismo, che presuppone come nucleo essenziale dell'umanità naturale e al di sopra del quale non è in grado di elevarsi". Il secondo tipo di religione riflette uno stadio più elevato di consapevolezza religiosa, ossia la consapevolezza che il compito più importante dell'esistenza non consiste nel soddisfare l'egoismo, ma piuttosto nel cancellarlo completamente. Quindi, per questo secondo tipo, tutte le azioni motivate dalla paura o dalla speranza sono inutili per il compito eterno dell'uomo. Cfr. la prefazione alla prima edizione delle *Sechzig Upanishad des Veda* di Deussen, Lipsia: F.A. Brockhaus, 1897 (qui citata secondo la terza edizione del 1921, p. VII ss.).

13 Come l'insegnamento di Schopenhauer - e in parte sotto la sua influenza - il buddismo è ancora spesso accusato di essere "nichilista" e "pessimista" nel semplice senso moderno. Ciò è in netto contrasto con l'ottimismo soteriologico che caratterizza sia la filosofia di Schopenhauer sia la religione buddista. In questo senso, Wagner scrisse il 7 giugno 1855 a Liszt: "Questo atto di negazione della volontà è l'atto del santo in sé: egli raggiunge la perfezione finale solo nella completa abolizione ["Aufhebung"] della coscienza individuale - e non c'è altra coscienza che quella personale, individuale. Questo atto non è stato

notato dai santi del cristianesimo, che si sono lasciati coinvolgere dagli insegnamenti ebraici e che, con le loro limitate capacità di immaginazione, hanno potuto raffigurare questo stato agognato come una vita eterna liberata dai vincoli della natura. Ciò non deve sminuire il nostro apprezzamento per il significato morale della loro rinuncia; di fatto, essi miravano solo all'abolizione della loro personalità individuale, cioè della loro esistenza. - Tuttavia, questo desiderio fondamentale è espresso in modo più puro e significativo dalla religione più sacra dell'umanità, l'insegnamento dei Brahmani, e in particolare nella sua trasfigurazione finale e nella sua massima perfezione nel Buddismo. Pur avendo il mito della generazione del mondo da parte di Dio, non saluta questa azione come una manna, ma la descrive come un peccato di Brahma. Colui che si è trasformato in questo mondo deve espiare il peccato della creazione attraverso l'atroce sofferenza di questo stesso mondo. Egli ottiene la liberazione in quei santi che, attraverso la totale negazione della volontà di vita, sono esclusivamente pieni di compassione per tutti gli esseri sofferenti e passano nel "nirvana", cioè la terra del non più essere. Il Buddha era un santo di questo tipo". Bauer & Forner (a cura di), Richard Wagner. *Sämtliche Briefe* vol. 7, pp. 207-208. [„Dieser Act der Verneinung des Willens ist die eigentliche Handlung des Heiligen: dass er sich endlich nur vollendet in der vollständigen Aufhebung des persönlichen Bewusstseins – es giebt aber kein anderes Bewusstsein, als das persönliche individuelle – konnte den naiven, durch jüdische Dogmen befangenen Heiligen des Christentums entgehen und sie konnten ihrer befangenen Einbildungskraft jenen ersehnten Zustand als eine ewige Fortdauer in einem von der Natur befreiten neuen Lebenszustande vorspiegeln, ohne dass dadurch unser Urtheil über die moralische Bedeutung ihrer Entsagung beirrt wird, denn in Wahrheit erstrebten sie eben nur den Untergang ihrer individuellen Persöhnlichkeit, d.i. – ihres Daseins. – Reiner und bedeutsamer spricht aber diesen tiefsten Drang die urheilige älteste Religion des menschlichen Geschlechts, der Brahmanen-Lehre, namentlich aber in ihrer schließlichen Verklärung und höchsten Vollendung durch den Buddhaismus aus. Sie stellt allerdings den Mythos von einer Entstehung der Welt durch Gott auf; allein sie preist diesen Act nicht als eine Wohlthat, sondern stellt ihn als eine Sünde Bramas dar, die dieser, der sich selbst in diese Welt verwandelte, durch die ungeheuren Leiden eben dieser Welt abbüßt, und sich in denjenigen Heiligen erlöst, die durch vollständige Verneinung des Willens zum Leben in der einzig nur noch sie erfüllenden Sympathie für alles Leidende in das 'nirvana' d.h. Land des Nicht-mehr-seins übergehen. Ein solcher Heiliger war jener Buddha."]

14   Arthur Hübscher (a cura di), *Arthur Schopenhauer: Der handschrift-liche Nachlaß in fünf Bänden*, Monaco: Deutscher Taschenbuch Verlag, 1985, vol. 1, p. 385, no. 571: „Der Jammer des Lebens geht schon genugsam aus der einfachen Betrachtung hervor, dass das Leben der allermeisten Menschen nichts ist als ein beständiger Kampf um diese Existenz selbst, mit der Gewissheit ihn zuletzt zu verlieren. Ist nun aber die Noth weit zurückgedrängt und ihr ein Stück des Feldes abgewonnen, so tritt sogleich furchtbare Leere und Langeweile ein, gegen welche der Kampf fast noch quälender ist. Dieses daher weil der Mensch an sich Erscheinung des Willens ist, sein Daseyn daher in beständigem rastlosen Wollen und Streben bestehn muss; ist ihm dieses durch die Befriedigung entnommen, so entsteht eben jene Leere durch die er sich selbst zur Last ist. [...] Das Wollen selbst aber wiederum muss den Mangel, folglich das Leiden zur Unterlage haben. So ist von allen Seiten das Leben wesentlich ein Leiden."

15   Étienne Lamotte, *History of Indian Buddhism from the Origins to the Shaka Era*, Louvain-la-Neuve: Institut Orientaliste, 1988, p. 26: "This, O monks, is the noble truth of the origin of suffering: it is the thirst (*taṇhā*) leading from rebirth to rebirth, accompanied by pleasure and covetousness, which finds its pleasure here and there: the thirst for pleasure, the thirst for existence, the thirst for impermanence."

16   Si veda ad esempio G. Lanczkowski, "Richard Wagner und Indien". In: H. O. Günther, *Indien und Deutschland*, Francoforte a. M., 1956, p. 29.

17   Arthur Schopenhauer, *Die Welt als Wille und Vorstellung I* (Zweiter Teilband), Zurigo: Diogenes Verlag, 1977, p. 412: „Auch die Maja der Inder, deren Werk und Gewebe die ganze Scheinwelt ist, wird durch amor paraphrasiert." Questa "*maya* degli indiani" è diventato importante per Schopenhauer a partire dalla primavera del 1814; si vedano le sue prime note in Arthur Hübscher (a cura di), *Arthur Schopenhauer: Der handschriftliche Nachlaß in fünf Bänden*, Monaco: Deutscher Taschenbuch Verlag, 1985, vol. 1, p. 104 (n. 189) e p. 120 (n. 213).

18   Si vedano le spiegazioni di Wagner alla nota 13.

19   Queste linee guida sono solitamente riassunte nell' "ottuplice sentiero" e riguardano la moralità (*śīla*), la concentrazione (*samādhi*) e la sag-

gezza (*prajñā*). L'*Introduzione* di Burnouf è stata una delle fonti che hanno fornito spiegazioni di tali termini e dottrine a Schopenhauer e Wagner. Per una panoramica dell'incontro e dello studio del buddismo da parte di Schopenhauer si veda Urs App, "Schopenhauers Begegnung mit dem Buddhismus. *Schopenhauer-Jahrbuch* 79 (1998): 35–58, e dello stesso autore "Schopenhauer and China: A Sino-Platonic Love Affair." *Sino-Platonic Papers* 200, (2010a): 1–160; "Asiatische Philosophien und Religionen" in *Schopenhauer Handbuch. Leben – Werk – Wirkung*, a cura di Daniel Schubbe e Matthias Koßler. Stuttgart / Weimar: J. B. Metzler, 2014, pp. 187–92; "Schopenhauers Nirwana," in *Die Wahrheit ist nackt am schönsten. Arthur Schopenhauers philosophische Provokation*, a cura di Michael Fleiter, Francoforte: Institut für Stadtgeschichte / Societätsverlag, 2010, pp. 200–208.

20 Richard Wagner, *Mein Leben*, a cura diMartin Gregor-Dellin. Monaco: Piper, 1983, pp. 522–523.

21 Bauer & Forner (a cura di), *Richard Wagner. Sämtliche Briefe* vol. 6, n. 238, p. 346 (ad August Röckel, Zurigo, 5 febbraio 1855). In questa importante lettera (pp. 346-348), Wagner scrive tra l'altro: "Ho appena dato ordine a Lipsia di inviarti una copia del libro di Arthur Schopenhauer: *Die Welt als Wille und Vorstellung.* [...] Poiché dovresti conoscere questo libro da solo, non ti scriverò nulla su di esso, ma mi limiterò ad alcune osservazioni sul suo autore. [...] Il libro ha un significato incommensurabile, ma in un senso che per molti deve essere molto scomodo. Confesso che nella mia esperienza di vita ero appena arrivato al punto in cui nient'altro che la filosofia di Schopenhauer poteva essere del tutto appropriato e determinante. Assorbendo senza alcuna reticenza le sue verità molto, molto serie, ho soddisfatto nel modo più assoluto il mio impulso più profondo, e sebbene mi abbia dato una direzione che diverge sostanzialmente da quella precedente, questa svolta corrispondeva in modo unico al mio sentimento profondamente sofferente dell'essenza di questo mondo [...] Con la presente ti invio quest'opera con un'espressione veramente solenne; in una crisi decisiva della mia vita interiore mi ha dato la forza di sopportare e di rinunciare". ["Soeben erteile ich Auftrag nach Leipzig, daß man Dir von dort ein Exemplar von *Arthur Schopenhauers* Buch: *Die Welt als Wille und Vorstellung* zuschickt [...] Da Du dies Buch selbst kennenlernen sollst, teile ich Dir nichts darüber mit; nur einige Notizen über den Verfasser. {...} Das Buch nun ist von unermeßlicher Bedeutung: aber in einem Sinne, der allerdings vielen sehr unbequem kommen muß.

Ich gestehe, daß ich mit meinen eigenen Lebenserfahrungen gerade
so weit gekommen war, daß nur noch Schopenhauers Philosophie mir
gänzlich angemessen und bestimmend werden konnte. Dadurch, daß
ich rückhaltlos seine sehr, sehr ernsten Wahrheiten aufnehmen konnte, habe ich meinem innersten Drange am entschiedensten Genüge ge-
leistet, und wiewohl er mir eine von meiner früheren ziemlich abwei-
chende Richtung gegeben hat, entsprach doch diese Wendung einzig
meinem tiefleidenden Gefühl vom Wesen der Welt. {...} {Ich} übersen-
de Dir nun mit einem wahrhaft feierlichen Ausdruck dies Werk, das in
einer sehr entscheidenden Katastrophe meines inneren Lebens mich
zur Ausdauer und Kraft der Entsagung gestärkt hat."]

22 Bauer & Forner (a cura di), *Richard Wagner. Sämtliche Briefe* vol. 8, p.
    152 (ad August Röckel, Zürich, August 23, 1856): „Die Periode, seit der
    ich aus meiner inneren Anschauung schuf, begann mit dem fliegenden
    Holländer; Tannhäuser und Lohengrin folgten, und wenn in ihnen ein
    poetischer Grundzug ausgedrückt ist, so ist es die hohe Tragik der Ent-
    sagung, der wohlmotivirten, endlich nothwendig eintretenden, einzig
    erlösenden Verneinung des Willens. Dieser tiefe Zug ist es, der meiner
    Dichtung, meiner Musik die Weihe gab, ohne die alles wirklich Ergrei-
    fende, was sie ausübt, ihnen nicht zu eigen werden konnte. [...] Wo ich
    als Künstler mit so zwingender Sicherheit anschaute, dass alle meine
    Gestaltungen dadurch bestimmt wurden, suchte ich als Philosoph mir
    eine durchaus entgegengesetzte Erklärung der Welt zu verschaffen."

23 *Richard Wagner. Sämtliche Briefe* vol. 8, p. 153 (lettera ad August
    Röckel, Zurigo, 23 agosto 1856): „Doch entsinne ich mich, schließ-
    lich meine Absicht gewaltsam einmal zur Geltung gebracht zu haben,
    und zwar – zum einzigsten Male – in der tendenziösen Schlussphra-
    se, welche Brünhilde an die Umstehenden richtet, und, von der Ver-
    werflichkeit des Besitzes ab, auf die einzig beseligende Liebe verweist,
    ohne (leider!) eigentlich mit dieser "Liebe" selbst recht ins Reine zu
    kommen, die wir, im Verlaufe des Mythos, eigentlich doch als recht
    gründlich verheerend auftreten sahen."

24 Carl Dahlhaus, "Über den Schluss der Götterdämmerung" in: *Richard
    Wagner. Werk und Wirkung*, Regensburg 1971.

25 Il testo è basato su Carl Dahlhaus, "Über den Schluss der Götterdäm-
    merung", in: *Richard Wagner. Werk und Wirkung*, Regensburg, 1971, p.
    107.

26 *"Aus Wunschheim zieh' ich fort,*
Wahnheim flieh' ich auf ewig;
des ew'gen Werdens
offne Tore
schließ ich hinter mir zu:
nach dem wunsch- und wahnlos
heiligsten Wahlland,
der Welt-Wanderung Ziel,
von Wiedergeburt erlöst,
zieht nun die Wissende hin.
Alles Ew'gen
seliges Ende
wisst ihr, wie ich's gewann?
Trauernder Minne tiefstes Mitleid
schloss die Tore mir auf:
Wer über Alles
achtet das Leben,
wende sein Auge von mir.
Wer aus Mitleid
der Scheidenden nachblickt,
dem dämmert von fern
die Erlösung, die ich erlangt.
So scheid' ich grüßend, Welt, von dir!"

Il termine "Wahlheim" ("casa d'elezione"), il nome originale di Villa Wesendonck - che oggi ospita il Museo Rietberg di Zurigo - fu probabilmente inventato da Wagner. A mio avviso è legato a questo progetto piuttosto che al *Werther* di Goethe, come è stato suggerito. A causa dell'acquisto da parte di Otto Wesendonck, la casa vicina, il "manicomio" di Wagner, non fu trasformata in un vero e proprio "Wahnheim" (manicomio). Alla residenza di Wagner a Bayreuth, invece, fu dato il nome di "Wahnfried" - un nome che traduce la delusione ("Wahn"; *saṃsāra*) e la "pace" ("Friede") raggiunta nel suo superamento finale (*nirvāṇa*).

27 *"Was ist Liebe? Selig sterben,*
Alles Ich-Seins ewiges Enterben,
Aller Selbstsucht tödtliches Verderben,
Auferstehung im geliebten Wesen,
Alles Erden-Wehes froh Genesen,

Alles Daseins endliches Erlösen.]"

Poesia esposta nel Museo Wagner di Bayreuth; si dice che questa poesia sia nata all'epoca della relazione amorosa di Wagner con Mathilde Wesendonck.

28 Richard Wagner, *Tagebuchblätter und Briefe an Mathilde Wesendonck 1853–1871*, a cura di R. Sternfeld. Berlin, 1904, p. 106 (1 dicembre 1858): „Es handelt sich nämlich darum, den von keinem Philosophen, namentlich auch von Schopenhauer nicht, erkannten Heilsweg zur vollkommenen Beruhigung des Willens durch die Liebe, und zwar nicht einer abstrakten Menschenliebe, sondern der wirklich, aus dem Grunde der Geschlechtsliebe, d.h. der Neigung zwischen Mann und Frau keimenden Liebe, nachzuweisen."

29 Richard Wagner, *Gesammelte Schriften und Dichtungen*, Lipsia: E.W. Fritzsch, ³1898, vol. 7, pp. 80–81:

In des Wonnemeeres
wogendem Schwall,
in der Duft-Wellen
tönendem Schall,
in des Welt-Athems
wehendem All —
ertrinken —
versinken —
unbewusst —
höchste Lust.

30 Richard Wagner, *Tagebuchblätter und Briefe an Mathilde Wesendonck 1853–1871*, Berlino, 1904, p. 59: „Mein Kind, wohl hatte der herrliche Buddha recht, als er streng die Kunst ausschloss. Wer fühlt es deutlicher als ich, dass diese unselige Kunst es ist, die mich ewig der Qual des Lebens und allen Widersprüchen des Daseins zurückgiebt? Wäre diese wunderbare Gabe, dieses so starke Vorherrschen der bildnerischen Phantasie nicht in mir, so könnte ich der hellen Erkenntniss nach, dem Drange des Herzens folgend — Heiliger werden; und als Heiliger dürfte ich Dir sagen: komm, verlass Alles, was Dich hält, zertrümmere die Banden der Natur: um diesen Preis zeige ich Dir den offenen Weg zum Heile! — Dann wären wir frei: Ananda und Sawitri! — Aber so ist's nicht. Denn sieh! auch dieß, dieses Wissen, diese deutliche Einsicht — sie macht mich nur immer wieder zum Dichter, zum Künstler."

31 Wagner aveva letto nei Racconti indiani di Adolf Holtzmann (*Indische Sagen*, 3 volumi, Stuttgart 1845-1847) di una Sawitri che, grazie alla perseveranza e all'amore, riuscì a convincere la Morte a restituire la vita al marito (vol. 1, pp. 243-273). Cfr. Carl Suneson, *Richard Wagner und die indische Geisteswelt*, Leiden: E.J. Brill, 1989, p. 13 ss.

32 Lettera del 20 luglio 1856 a Franz Liszt da Mornex, nei dintorni di Ginevra. Bauer & Forner (a cura di), *Richard Wagner. Sämtliche Briefe* vol. 8, p. 122.

33 Lettera a Röckel del 23 agosto 1856. Bauer & Forner (a cura di), *Richard Wagner. Sämtliche Briefe* vol. 8, n. 70, p. 156: „Ich für mein Theil wünsche mir hauptsächlich Gesundheit, um alle Entwürfe, deren ich noch voll bin, ausführen zu können; leider bin ich damit voller, als ich bedarf, denn außer den Nibelungenstücken habe ich noch einen Tristan und Isolde (die Liebe als furchtbare Qual) und einen neuesten Stoff 'die Sieger' (höchste Erlösung, buddhistische Legende) im Kopfe, die mir so nahe liegen, dass ich mit großer Hartnäckigkeit, den Nibelungen zu lieb, zurückdrängen muss."

34 Si tratta di Eugène Burnouf, *Introduction à l'histoire du Buddhisme Indien*, Parigi: Imprimerie Royale, 1844.

35 Richard Wagner, *Das Braune Buch*, a cura di Joachim Bergfeld. Zurigo: Atlantis, 1975, p. 125.

36 Nella prima edizione (1836) di "Sulla volontà nella natura" (*Über den Willen in der Natur*), Schopenhauer citava solo tre fonti; nella seconda edizione (1854) della stessa opera (che Wagner utilizzò) le fonti elencate erano già ventiquattro. Nella copia personale di Schopenhauer furono aggiunti altri due riferimenti. Cfr. Arthur Schopenhauer, *Über die vierfache Wurzel des Satzes vom zureichenden Grunde und Über den Willen in der Natur*, Zurigo: Diogenes Verlag, 1977, vol. 5, p. 327. Per una traduzione inglese e un'edizione sinottica dei saggi di sinologia di Schopenhauer del 1836 e del 1854 (che contengono la sua bibliografia di opere consigliate sul buddismo) si veda Urs App, "Schopenhauer and China. A Sino-Platonic Love Affair", *Sino-Platonic Papers* Nr. 200, pp. 124-140.

37 Burnouf ha qui riassunto una leggenda della raccolta *Śārdūlakarnāvadāna* e ne ha tradotto alcune parti. Per quanto riguarda le fonti indiane di

questo progetto si veda Carl Suneson, *Richard Wagner und die indische Geisteswelt*, Leiden: E. J. Brill, 1989, p. 69 ss.

38 Richard Wagner, "Skizze zu 'Die Sieger'", in: *Nachgelassene Schriften und Dichtungen von Richard Wagner*, Lipsia: Breitkopf und Härtel, ²1902, pp. 160-161. La bozza è contenuta anche in Richard Wagner, *Gesammelte Schriften und Dichtungen*, Lipsia, ⁴1907, vol. 11, p. 325.

39 Burnouf 1844, p. 205 ss.

40 Bauer & Forner (a cura di), *Richard Wagner. Sämtliche Briefe* vol. 8; lettera no. 150, pp. 250-251: „Was soll ich Ihnen noch erzählen? Ja – in den "Siegern" wird Folgendes vorkommen: Das Mädchen (vermuthlich Savitri), die im zweiten Acte, als sie Ananda erwartet, im vollsten Rausche sich in die Blumen wühlt, Sonne, Wald, Vögel, Wasser – Alles – die ganze Natur wollüstig in sich einsaugt, – wird, nachdem sie das verhängnisvolle Gelübde abgelegt, von Czakya [Buddha] aufgefordert, um sich und über sich zu blicken, und dann gefragt, wie dünkt dich Alles das? – "Nicht mehr schön" – sagt sie da ernst und wehmüthig, denn sie schaut nun die andre Seite der Welt. Im 2. Act des Tristan – doch davon erfahren Sie jetzt noch nichts. Da ist Alles erst noch Musik."

41 Hans Mayer, *Richard Wagner mit Selbstzeugnissen und Bilddokumenten*, Hamburg: Rowohlt, 1959, p. 102: „Ohnmächtig sinkt das Herz zurück, um in Sehnsucht zu verschmachten, in Sehnsucht ohne Erreichen, da jedes Erreichen nur wieder neues Sehnen ist."

42 Già nell'estate del 1817 Schopenhauer scriveva (Arthur Hübscher [a cura di], *Arthur Schopenhauer: Der handschriftliche Nachlaß in fünf Bänden*, Monaco: Deutscher Taschenbuch Verlag, 1985, vol. 1, p. 479, n. 686): "Il mito della trasmigrazione dell'anima è il mito più profondo e significativo - e il più vicino alla verità filosofica - di tutti i miti che siano mai stati inventati; tanto che lo considero l'apice [*non plus ultra*] della rappresentazione mitica. È per questo che anche Pitagora e Platone lo hanno onorato e applicato: e il popolo su cui regna come credo popolare e di cui influenza la vita quotidiana è quindi il più maturo, come è anche il più antico". Questo pensiero è stato incorporato nel §63 dell'opera principale di Schopenhauer (edizione di Zurigo, vol. 2, p. 443).

43 Schopenhauer ha aggiunto tra parentesi al termine francese "concupiscence" il tedesco "Fleischeslust" (lussuria carnale).

44 Michel-Ange-André Leroux-Deshauterayes, "Recherches sur la religion de Fo, professée par les bonzes Ho-chang de la Chine", *Journal Asiatique* 7 (1825). Questa citazione proviene da p. 233 del *Journal Asiatique*. La nota francese di Schopenhauer si trova in Arthur Hübscher (a cura di), *Arthur Schopenhauer: Der handschriftliche Nachlaß in fünf Bänden*, Monaco: Deutscher Taschenbuch Verlag, 1985, vol. 3, pp. 305-306, n. 161.

Recentemente sono riuscito a identificare la fonte di Deshauterayes, un testo Zen cinese del XII secolo chiamato *Dazang yilan* 大藏一覽 (Il Canone buddista in sintesi). Alcuni passaggi di questo testo, nella traduzione francese di Deshauterayes, hanno fatto sì che Schopenhauer notasse per la prima volta con euforia un meraviglioso accordo del buddismo con la propria filosofia e lo abbiano motivato per il resto della sua vita a raccogliere e studiare intensamente i testi buddisti e le pubblicazioni relative al buddismo. Questo è descritto in Urs App, "Schopenhauer and China. A Sino-Platonic Love Affair", *Sino-Platonic Papers* Nr. 200 (libro scaricabile gratuitamente su sino-platonic.org).

45 Richard Wagner, *Gesammelte Schriften und Dichtungen*, Lipsia, ⁴1907, vol. 10, p. 360: „ *Kenntest du den Fluch,*
> *der mich durch Schlaf und Wachen,*
> *durch Tod und Leben,*
> *Pein und Lachen,*
> *zu neuem Leiden neu gestählt,*
> *endlos durch das Dasein quält! —*"

46 Richard Wagner, *Das Braune Buch*, a cura di Joachim Bergfeld. Zurigo: Atlantis, 1975, p. 198:

Wahrheit =	*Nirvâna* =	*Nacht*
Musik =	*Bramâ* =	*Dämmerung*
Dichtkunst =	*Sansâra* =	*Tag*

Nel nostro libro questa equazione è raffigurata di mano di Wagner prima dell'indice. L' "estensione" di Suneson dello schema di Wagner in direzione dell'insegnamento Mahāyāna dei tre corpi (*trikāya*) mi appare molto contorta (Carl Suneson, *Richard Wagner und die indische Geisteswelt*, Leiden: E. J. Brill, 1989, p. 54).

47 Bauer & Forner (a cura di), *Richard Wagner. Sämtliche Briefe* vol. 7, pp. 207-8.

48 Si veda la nota 13.

49 Richard Wagner, *Das Braune Buch*, p. 198: „Die Plage des Lebens beginnt. Das Paradies ist verloren. Die Musik der Bramâwelt ruft es der Erinnerung zurück: sie führt zur Wahrheit. Wer versteht sie? die Milch die keiner Kuh entflossen?"

50 Richard Wagner, *Das Braune Buch*, p. 198: „Bramâ – wird zum Verlangen, als Musik; die der Sansâra zugewandte Musik, Dichtkunst; welches ist die andre, der Sansâra abgewandte Seite? Nirwâna – ungetrübte, reine Harmonie?"

51 Si tratta di una denominazione del Buddha corrente nel buddismo mongolo: *Ilaju tegüs nökcigsen*. Sotto l'influenza di Isaac Jacob Schmidt, questo è diventato uno degli appellativi preferiti da Schopenhauer per il Buddha. Un interessante aneddoto raccontato dall'amico di Schopenhauer, Gwinner: "In un angolo della sua stanza, su una console di marmo, troneggiava la statuetta dorata del Buddha. Quando nel 1856 Schopenhauer l'aveva ricevuta da Parigi e la lacca nera era stata rimossa, aveva costruito un piccolo altare riccamente decorato con fiori e lo guardava con grande soddisfazione. La sua domestica, profondamente cattolica, lo guardò e disse con la risata volgare della gente comune: 'Siede lì come un sarto!' Schopenhauer la rimproverò con queste parole: 'Cafone, non si parla così di chi ha vinto e si è perfezionato! Ho mai bestemmiato il tuo Dio?'" Arthur Hübscher (a cura di), *Arthur Schopenhauer: Gespräche*, Stuttgart: Friedrich Frommann Verlag, 1971, p. 176 (n. 313). La statuetta dorata in questione sembra essere andata perduta, ma la fotografia del nostro frontespizio, inviata allo Schopenhauer-Archiv, potrebbe raffigurarla. Questa fotografia, riprodotta nel frontespizio del nostro libro, è ora conservata nell'Archivzentrum della Biblioteca universitaria J. C. Senckenberg, Francoforte Na 50—Nachlass Arthur Schopenhauer.

Schopenhauer pensava che la statuetta fosse tibetana, ma sembra piuttosto essere di origine Shan. Vedi Robert Wicks, "Arthur Schopenhauer's Bronze Buddha: Neither Tibetan nor Thai, but Shan." *Schopenhauer-Jahrbuch* (2011): 307-316.

52 Çäkya è una grafia storica francese che Burnouf ha utilizzato per Šäkyamuni Buddha.

53 Citato secondo Wolfgang Osthoff, "Richard Wagners Buddha-Projekt 'Die Sieger'. Seine ideellen und strukturellen Spuren in 'Ring' und 'Parsifal'", *Archiv für Musikwissenschaft* 40: 3 (1983): 191-192. La fonte di Osthoff è l'edizione di R. Sternfeld di *Tagebuchblätter und Briefe an Mathilde Wesendonck 1853-1871*, Berlino (senza anno), pp. 91-93: „Ohne allen Zwang erhält mein Plan eine große mächtige Erweiterung. Das Schwierige war hier, diesen vollkommen befreiten, aller Leidenschaft enthobenen Menschen, den Buddha selbst, für die dramatische und namentlich musikalische Darstellung geeignet zu machen. Es löst sich nun dadurch, dass er selbst noch eine letzte Entwickelungsstufe erreicht, durch Aufnahme einer neuen Erkenntnis, die ihm hier – wie alle Erkenntnis – eben nicht durch abstrakte Begriffsverbindungen, sondern durch anschauliche Gefühlserfahrung, somit auf dem Wege der Erschütterung und Bewegung des eigenen Inneren, zugeführt wird, und die ihn daher in einem letzten Fortschreiten zur höchsten Vollendung zeigt. [...] Als Ananda schon in tiefster Trauer die Hoffnung aufgeben zu müssen glaubt, fühlt Çakya, durch sein Mitleiden und wie durch ein letztes, neuestes Problem, dessen Lösung noch sein Verweilen im Dasein aufgehalten hat, angezogen, sich bestimmt, das Mädchen zu prüfen [...] bei dem Hauptgebote ist sie endlich aufrichtig genug, machtlos zusammenzubrechen; worauf sich denn (vielleicht entsinnst Du Dich?) die reiche Szene mit den Brahmanen entspinnt, die ihm den Verkehr mit solchem Mädchen, als Beweis für das Irrige seiner Lehre, vorwerfen. In der Zurückweisung jenes menschlichen Hochmutes gelangt endlich sein wachsender Anteil an dem Mädchen, deren frühere Existenzen er sich und den Gegnern enthüllt, zu solcher Stärke, dass, als sie [...] zu jedem Gelübde sich bereiterklärt, er, wie zu letzter eigener Verklärung, sie unter die Heiligen aufnimmt, und somit seinen erlösenden, allen Wesen zugewendeten Weltlauf als vollendet ansieht, da er auch dem Weibe – unmittelbar – die Erlösung zusprechen konnte."

54 Richard Wagner, "Skizze zu 'Die Sieger'," in: *Nachgelassene Schriften und Dichtungen von Richard Wagner*, Lipsia: Breitkopf und Härtel, ²1902, p. 177.

55 Cosima Wagner, *Die Tagebücher, vol. 2: 1878–1883*, a cura di Martin Gregor-Dellin. München, 1977, p. 1007 (27 novembre 1882): „Wir

sprechen jetzt fast immer von Buddha; neulich bemerkte R[ichard], wie unmöglich es ihm gewesen sein würde, ihn zu komponieren, wenn er hätte müssen mit Mango-Bäumen, Lotos-Blumen etc. umgehen."

56 Cosima Wagner, *Die Tagebücher, vol. 2*, p. 659 (6 gennaio, 1881): „Noch im Bett sagt er, wenn du mich gut hältst, gut kleidest, gut nährst, dann komponiere ich noch "Die Sieger". — "Die Schwierigkeit ist hier die Lokalität und die Sprache. Bei dem Christentum ist erhabene Simplizität, im Buddhismus ist soviel Bildung, und Bildung ist sehr unkünstlerisch." Wir sprechen davon, dass ungefähr dasselbe Thema (die Erlösung des Weibes) in beiden, Parsifal und Sieger, behandelt würde."

Il rapporto tra *Die Sieger* e il *Parsifal* e la connessione di quest'ultimo con il buddismo sono questioni che mi hanno incuriosito fin dal 1995 e che ho discusso in diverse conferenze pubbliche al Museo di Rietberg, alla School of Oriental and African Studies (SOAS) dell'università di Londra, e altrove.

57 Cosima Wagner, *Die Tagebücher*, vol. 1: 1869-1877, a cura di Martin Gregor-Dellin. Monaco, 1976, p. 754 (22 novembre 1873): *„Einzig über der Legende des Buddha steht die Legende von Christus, weil hier alles Handlung des Herzens ist, die Krippe, das Mahl, das Kreuz – Buddha ergreift nicht, er lehrt, Christus lehrt dadurch, dass er uns ergreift."* Wagner sembra, come Schopenhauer, avere un'alta stima del buddismo. Verso la fine della sua vita (1 ottobre 1882), sua moglie Cosima scrisse: "Egli dichiara che il buddismo è un fiore dello spirito umano rispetto al quale tutto ciò che è seguito è decadenza, e dal quale è sorto di nuovo, per compressione, il cristianesimo. Nel buddismo ha individuato una straordinaria forza giovanile dello spirito umano, non dissimile dal periodo in cui fu inventato il linguaggio. La mancanza di qualsiasi tipo di vincolo e quindi di una chiesa; la possibilità di tornare alla vita laica quando il monachesimo non era più adatto a un monaco; nessun culto di un Dio, solo pentimento e buone opere. Questa felice mancanza di organizzazione spiega anche la facilità con cui potevano essere soppiantati da un potere organizzato come il brahmanesimo. [...] E spesso egli [R. Wagner] cita Buddha e Rousseau; il primo non ha pronunciato ciò che sapeva dell'inizio e della fine delle cose, e il secondo non ha saputo dire ciò che aveva visto nel suo cuore". Cosima Wagner, *Die Tagebücher,* vol. 2, p. 1012. ["Den Buddhismus selbst erklärt er für eine Blüte des menschlichen Geistes, gegen welche das darauf Folgende Décadence sei, gegen welche wiederum auf dem Wege der

Kompression das Christentum entstanden sei. Von einer außerordentlichen jugendlichen Kraft des menschlichen Geistes zeuge der Buddhismus, nicht unähnlich dem Zustand, in welchem die Sprache erfunden worden sei. Daß es keinen Zwang, irgend welchen gab, in Folge dessen keine Kirche; daß der Bruder wieder in die Welt treten konnte, wenn ihm das Klosterleben nicht mehr entsprach; kein Gottesdienst, nur Buße und gute Werke. Daher auch, bei dieser so glücklich mangelnden Organisation, waren sie von einer solch organisierten Macht wie dem Brahmanismus so leicht zu verdrängen. [...] Und des häufigen ruft er Buddha und Rousseau an; der eine, welcher nicht sagte, was er wußte von Anfang und Ende der Dinge, der andre, der nicht sagen konnte, was er innerlich geschaut."]

58   Cosima Wagner, *Die Tagebücher*, vol. 1, p. 755 (November 23, 1873): „Abends liest R[ichard] die kleine Skizze der 'Sieger' uns vor. – Wie herrlich. Ich hoffe zu Gott, der mich beschirmt, dass er auch dieses Werk schaffen wird – Gott wird mich erhören, und ich will, ich möchte ihn zwingen durch das Gebet der Tat!"

59   Richard Wagner, *Mein Leben*, a cura di Martin Gregor-Dellin. Monaco: Piper, 1983, pp. 541–2: „Außer der tiefsinnigen Schönheit des einfachen Stoffes bestimmte mich zu seiner Wahl alsbald ein eigentümliches Verhältnis desselben zu dem in mir seitdem ausgebildeten musikalischen Verfahren. Vor dem Geiste des Buddha liegt nämlich das vergangene Leben in früheren Geburten jedes ihm begegnenden Wesens offen, wie die Gegenwart selbst, da. Die einfache Geschichte erhielt nun ihre Bedeutung dadurch, dass dieses vergangene Leben der leidenden Hauptfiguren als unmittelbare Gegenwart in die neue Lebensphase hineinspielte. Wie nur der stets gegenwärtig miterklingenden musikalischen Reminiszenz dieses Doppellebens vollkommen dem Gefühle vorzuführen möglich werden durfte, erkannte ich sogleich, und dies bestimmte mich, die Aufgabe der Ausführung dieser Dichtung mit besondrer Liebe mir vorzubehalten."

60   Richard Wagner, *Tagebuchblätter und Briefe an Mathilde Wesendonck 1853–1871*, a cura di R. Sternfeld. Berlin (senza anno), p. 242: „Nur die tiefsinnige Annahme der Seelenwanderung konnte mir den trostreichen Punkt zeigen, auf welchem endlich Alles zur gleichen Höhe der Erlösung zusammenläuft [...] Nach der schönen buddhistischen Annahme wird die fleckenlose Reinheit des Lohengrin einfach daraus erklärlich, dass er die Fortsetzung Parsifals – der die Reinheit sich

erst erkämpfte – ist. Ebenso würde Elsa in ihrer Wiedergeburt bis zu
Lohengrin heranreichen. Somit erschien mir der Plan zu meinen 'Sie-
gern' als die abschließende Fortsetzung des Lohengrin. Hier erreicht
'Sawitri' (Elsa) den "Ananda" vollständig."

61 Richard Wagner, "Skizze zu 'Die Sieger'" in: *Nachgelassene Schriften
    und Dichtungen von Richard Wagner*, Lipsia: Breitkopf und Härtel,
    ²1902, p. 162.

62 Bauer & Forner (a cura di), *Richard Wagner. Sämtliche Briefe* vol. 8, p.
    250 (no. 150): „Buddha–Luther. — Indien–Norddeutschland: dazwi-
    schen: Katholizismus. (Süden–Norden.) Mittelalter. Am Ganges milde,
    reine Entsagung: in Deutschland mönchische Unmöglichkeit: Luther
    deckt diese climatische Unmöglichkeit zur Durchführung der milden
    Entsagungslehre des Buddha auf: es geht hier nicht, wo wir Fleisch es-
    sen, Gebrautes trinken, uns stark bekleiden und warm logiren müssen:
    hier muss transigirt werden; unser Leben hier ist so geplagt, dass wir
    ohne 'Wein, Weib u. Gesang' es nicht aushalten, und selbst dem alten
    Gott nicht dienen können."

63 Carl Suneson, *Richard Wagner und die indische Geisteswelt*, Leiden: E.
    J. Brill, 1989.

64 Carl Suneson, *op. cit.*, p. 12.

65 Nel capitolo intitolato "Buddhism – personal and artistic focus" (Su-
    neson 1989, pp. 20-44), viene avanzata una visione del Buddhismo che
    ricorda l'entusiasmo positivista di fine novecento, quando si riteneva
    che le "parole originali" del Buddha fossero perfettamente conservate
    nelle scritture Pali. Questa visione è accompagnata da un totale frain-
    tendimento della filosofia di Schopenhauer che utilizza i soliti luoghi
    comuni, dalla "malinconia" e dal "pessimismo nero come la pece" (p.
    28) al "massiccio nichilismo metafisico" (p. 29). Le opinioni obsolete
    di Suneson su Schopenhauer e il buddismo riassumono opinioni che
    hanno prevalso a lungo tra gli specialisti.

66 Le fonti che hanno avuto un ruolo nella scoperta occidentale del bud-
    dismo sono ancora poco esplorate, come dimostrano i miei studi sulla
    scoperta occidentale delle religioni asiatiche dal XVI al XVIII secolo:
    Urs App, *The Birth of Orientalism*. Filadelfia: University of Pennsylva-
    nia Press, 2010, e *The Cult of Emptiness*. Wil / Paris: UniversityMedia,
    2012. Per Schopenhauer la situazione è molto migliorata da quando

ho tenuto la conferenza nel 1996 su Wagner e il buddhismo al museo Rietberg; si vedano le note 19 e 44. Per Wagner, una selezione di pubblicazioni è inclusa nella bibliografia.

67 Si veda la nota 36.

68 Nagao, Gadjin. *Mâdhyamika and Yogâcâra. A Study of Mahâyâna Philosophies*. Albany NY: State University of New York Press, 1991.

« C'est ainsi que parla Bhagavat, et les Religieux transportés de joie approuvèrent ce que Bhagavat avait dit[1]. »

Le sujet que les extraits précédents ont fait connaître, touche de si près à la question de l'influence exercée par la prédication de Çâkya sur le système des castes, qu'on a vu déjà l'esprit brâhmanique reprocher à Çâkyamuni de chercher trop bas ses disciples. Un semblable reproche était inspiré, sans aucun doute, par le sentiment de l'orgueil blessé ; il en coûtait à la première caste de voir des hommes d'une basse extraction élevés au rang des ascètes qu'elle avait, légalement parlant, le privilége à peu près exclusif d'offrir aux hommages et à l'admiration de la multitude. L'expression de ce sentiment prouverait, s'il était encore besoin de le faire, quelles racines profondes la division du peuple en castes à jamais séparées avait jetées dans l'Inde, au moment où parut Çâkya. Pour nous, qui n'avons jamais mis un seul instant en doute l'antériorité du Brâhmanisme à l'égard du Buddhisme, les reproches que les Brâhmanes adressaient à Çâkya nous apprennent à la fois et comment ce dernier se conduisait en présence du principe absolu des castes, et comment ses adversaires accueillaient ses usurpations. Cette double instruction se trouve, sous une forme parfaitement claire, dans une légende que je vais analyser et dont je traduirai les parties les plus caractéristiques.

Un jour Ânanda le serviteur de Çâkyamuni, après avoir longtemps parcouru la campagne, rencontre une jeune fille Mâtangî, c'est-à-dire de la tribu des Tchândâlas, qui puisait de l'eau, et il lui demande à boire. Mais la jeune fille craignant de le souiller de son contact, l'avertit qu'elle est née dans la caste Mâtanga, et qu'il ne lui est pas permis d'approcher un Religieux. Ânanda lui répond alors : « Je ne te demande, ma sœur, ni ta caste ni ta « famille ; je te demande seulement de l'eau, si tu peux m'en donner[2]. » Prakrïti, c'est le nom de la jeune fille, qui suivant la légende était destinée à se convertir à la doctrine du Buddha, se sent aussitôt éprise d'amour pour Ânanda, et elle déclare à sa mère le désir qu'elle a de devenir sa femme. La mère, qui prévoit l'obstacle que doit mettre à cette union la différence des castes (car Ânanda était de la race militaire des Çâkyas et cousin du Buddha), la mère, dis-je, a recours à la magie pour attirer le Religieux dans sa maison, où l'attend Prakrïti parée de ses plus beaux habits. Ânanda en-

[1] *Avadâna çataka*, f. 16 a sqq. — [2] *Çârdâla karna*, dans *Divya avadâna*, f. 217 a.

T. 6: Inizio della leggenda che ha ispirato il progetto dell'opera buddista *Die Sieger* (*I vincitori*) di Wagner. Burnouf 1844, p. 205.

Tabella cronologica

(in grassetto le date particolarmente significative per questo tema)

1813/5/22 Nascita di Wagner (abbreviato W.) a Lipsia

1813/12 Prime letture di Schopenhauer sul buddismo

1829/4 W., impressionato dal *Fidelio* di Beethoven, decide di diventare compositore

1833/1 W. scrive il libretto di *Feen* (Le fate), la sua prima opera lirica

1834/6/10 Appare la prima pubblicazione di W., "Die deutsche Oper" (L'opera tedesca)

1834/10/10 W. viene nominato direttore musicale a Magdeburgo

1836/3/29 Il *Liebesverbot* (Interdizione all'amore) di W. viene messo in scena per la prima volta come *Die Novize von Palermo* (La novizia di Palermo)

1836/11/24 W. sposa Minna Planer a Königsberg

1840/7/12 W. pubblica a Parigi il giornale "Über deutsche Musik" (Sulla musica tedesca)

1840/10/18 Appare a Parigi il saggio di W. "Der Virtuos und der Künstler" (Il virtuoso e l'artista).

1840/11/19 Completamento della partitura di *Rienzi*

1841/1/10 Viene pubblicato a Parigi il saggio di W. "Über die Ouvertüre" (Sull'ouverture).

1841/4/1 Viene pubblicato il saggio di W. "Der Künstler und die Öffentlichkeit" (L'artista e il pubblico).

1841/11/19 Completamento della partitura di *Der fliegende Holländer* (L'olandese volante)

1843/2/2 W. viene nominato Maestro reale dei concerti sassoni

1845/4/13 Completamento della partitura di *Tannhäuser*

1848/4/28 Completamento della partitura di *Lohengrin*

1848/10/4   Primo schizzo in prosa per il *Ring*: "Die Nibelungensaga"

1849/1   Bozzetto teatrale *Gesù di Nazareth*; Gesù come rivoluzionario sociale

1849/4/8   Viene pubblicato il saggio di W. "Die Revolution" (La rivoluzione)

1849/5/28   W. arriva per la prima volta a Zurigo, si reca a Parigi

1849/7   W. torna a Zurigo; Baumgartner gli porta un libro di Feuerbach

1849/7   W. scrive "Die Kunst und die Revolution" (L'arte e la rivoluzione)

1849/11/4   Viene pubblicato lo scritto di W. "Das Kunstwerk der Zukunft" (L'opera d'arte del futuro), dedicato a Feuerbach

1850/7   W. scrive "Eine Mitteilung an meine Freunde" (Un messaggio ai miei amici)

1851/1   Inizia l'amicizia di W. con il poeta Georg Herwegh

1851/1/10   Completamento del manoscritto di W. "Oper und Drama" (Opera e dramma); W. lo legge in dodici sedute serali

1851/11   Ad Albisbrunn, vicino a Zurigo: W. crea il concetto generale dell'*Anello del Nibelungo* come un evento artistico in quattro parti

1851/12   W. e Herwegh tentano di convincere Feuerbach a insegnare a Zurigo

1852/2/17   W. incontra i Wesendonck (Otto, 37 anni, e Mathilde, 23 [quest'ultima abbreviata in MW])

1852/12/18   W. legge per la prima volta pubblicamente il libretto del *Ring*

1853/5/18   Festeggiamenti per il quarantesimo compleanno di W. a Zurigo

1854/9   Tramite Herwegh, W. conosce per la prima volta *Die Welt als Wille und Vorstellung* (Il mondo come volontà e rappresentazione) di Schopenhauer

1854/9/26	Realizzazione della copia pulita della partitura del *Rheingold*
1854/10	Prime bozze per *Tristan und Isolde* (fine ottobre)
1854/10/15	W. si entusiasma per Schopenhauer; legge i suoi *Parerga e Paralipomena*
1854/12/9	W. invia il libretto del *Ring* a Schopenhauer
1854/12/16	W. descrive per la prima volta le sue impressioni su Schopenhauer; concezione del *Tristano*
1854/12/30	Schopenhauer declina l'invito di W. a venire a Zurigo
1855/4	In una lettera, W. esprime entusiasmo per il buddismo
1855/6/7	W. scrive di santi e artisti, l'annientamento della volontà, buddismo
1855/12/16	W. chiede a suo cognato Brockhaus (indologo) dei buoni libri sul buddismo
1855-1856	Il contenuto di *Tristano* si definisce meglio; W. legge sul buddismo
1856/3	W. legge *Introduction à l'histoire du Buddhisme indien* di Burnouf
1856/3/23	Completamento della partitura della *Walküre* e della sua copia
1856/4	Schopenhauer fa dorare la sua statuina del Buddha
1856/5	Schizzi "buddisti" per la fine del *Ring*
1856/5/16	Primo schizzo di W. per *Die Sieger* (I vincitori) basato sulla traduzione di Burnouf di una leggenda buddista
1856/6/6	Il pastore di Frankfort Kalb denuncia Schopenhauer come "araldo del buddismo".
1856/6/12	Lettera a Liszt: la vittoria di *Die Sieger* (I vincitori), la redenzione più completa
1856/7/20	W. scrive a Liszt su *Die Sieger* (I vincitori) e *Tristano*
1856/8/23	W. scrive a Röckel su *Die Sieger* (I vincitori) e *Tristano*

1856/9/17	Schopenhauer scrive che Herwegh sta studiando il buddismo perché ha letto le sue opere
1856/10	W. racconta agli amici di Zurigo i suoi schizzi per i progetti di *Tristano* e *Die Sieger* (I vincitori)
1856/12/19	Transizione dal lavoro di W. su *Siegfried* verso *Tristano*; prima composizione di musica per *Tristano*
1857	Prime lezioni universitarie sulla filosofia di Schopenhauer a Bonn e Breslau
1857/1	W. prende in considerazione l'idea di trasferirsi nell' "Asyl" accanto alla villa Wesendonck sulla collina di Gabler, Zurigo
1857/1	Concezione poetica de *I vincitori*. Fantasie su Prakriti che sguazza nei fiori, frenesia del desiderio.
1857/4/28	W. si trasferisce nell' "Asyl" vicino alla villa della famiglia Wesendonck; concepisce *Parzival* (poi ribattezzato *Parsifal*)
1857/6/27	Interruzione del lavoro su *Siegfried*; concentrazione sul progetto di *Tristano*
1857/8/22	La famiglia Wesendonck si trasferisce nella nuova villa, chiamata "Wahlheim" (oggi Museo Rietberg)
1857/9/18	Il libretto del *Tristano* viene completato e letto agli amici.
1857/11/30	Composizione delle canzoni di Wesendonck: Engel, Träume, Schmerzen
1857/12/31	Completamento dell'abbozzo di composizione per il primo atto di *Tristano*
1858/7/6	Inizio dell'abbozzo di partitura per orchestra del secondo atto di *Tristano*
1858/8/17	W. lascia Zurigo, passa una settimana a Ginevra, poi viagga con Ritter a Venezia
1858/10/5	W. a MW: Buddha ha fatto bene a escludere l'arte
1858/10	Modifica del progetto *I vincitori*: nuova via di salvezza

| 1858/10 | W. riceve una statuina di Buddha; appare il libro di Koeppen sul buddismo |

1858/10   W. riceve una statuina di Buddha; appare il libro di Koeppen sul buddismo

1858/12/1   W. spiega a MW la sua nuova via di salvezza

1859/2/22   W. parla a MW dell'ideale buddista di mendicità e della rinuncia

1859/3/2   W. continua a leggere scritti di Schopenhauer; "supplementi ed emendazioni" alla filosofia di Schopenhauer

1859/8/6   Completamento della partitura di *Tristan und Isolde* a Lucerna

1860/8   W. a MW a proposito di trasmigrazione, *Lohengrin*, *I vincitori*

1862/11/7   Separazione definitiva di Wagner e della moglie Minna

1864/3/26   Mariafeld: Buddha-Lutero-India-Germania

1865   Programma per il re Ludwig II, progetti per *I vincitori* del 1870, 1871 e 1873

1866/4/15   W. e Cosima si trasferiscono nella casa di Tribschen, vicino a Lucerna (ora Wagner-Museum)

1867/10/24   W. completa la partitura dei *Meistersinger*

1868/5   Nuova concezione de *I vincitori*; nota su "Nirvâna, Bramâ, Sansâra".

1868/5/31   W. invia l'*Introduzione* di Burnouf a Re Ludwig

1868/8/19   Bozzetti per il dramma "Il matrimonio di Lutero".

1868/11/8   W. incontra per la prima volta Nietzsche a Lipsia; conversazione su Schopenhauer

1868/11/19   Ritorno alla composizione del *Siegfried*; W. inizia a dettare la sua autobiografia *Mein Leben*

1869/6/27   Wagner parla del progetto dei *Vincitori* come opera teatrale (senza musica)

1869/12/24   Nietzsche ospite a Tribschen; W. legge il suo schizzo di *Parzival*

1870   W. sulla musica come espressione del segreto della trasmi-
              grazione

1873/11/23   Cosima legge Köppen sul buddismo; *I vincitori* e *Parsifal*

1875/4/3   W. vuole creare *Parsifal* e *I vincitori*

1878/1/11   Subito dopo il *Parsifal*, Wagner vuole comporre *I vincitori*

1879/1/10   W. parla dell'orrore dell'esistenza, di Buddha, del karma

1879/3/22   W. dichiara che in vecchiaia vuole scrivere il libretto de *I vinci-
              tori*; suo figlio Fidi potrebbe comporlo

1880   "Religione e arte": Buddismo e Cristianesimo come vie di
              salvezza

1881/1/6   W. vuole ancora comporre *I vincitori*. Il tema centrale è la
              salvezza della donna

1881/10/6   W. rilegge l'*Introduction* di Burnouf

1882/9/18   W. legge *Buddha, seine Lehre, seine Gemeinde* di Oldenberg
              (Buddha, il suo insegnamento e la sua comunità)

1882/9/24   Il libro di Oldenberg sul buddismo piace a Wagner

1882/9/25   W. legge sul buddismo, parla di Buddha

1882/9/26   Riferisce "cose meravigliose" su Buddha "über Anfang und
              Ende" (sull'inizio e la fine).

1882/9/27   W. e Cosima "ora parlano quasi sempre di Buddha"; difficoltà
              a immaginare loto, mango ecc.

1882/9/28   W. racconta una leggenda di Buddha del Jātaka

1882/9/29   W. parla del rapporto tra cristianesimo e buddismo

1882/9/30   W. sul buddismo: eliminazione del desiderio

1882/10/1   W. sul buddismo: fioritura dello spirito umano

1882/10/2   W. legge sul buddismo

1882/10/14   W. sul buddismo, Kant, idealità; nobile verità della sofferenza

1882/10/20   W. cita spesso la saggezza di Buddha: "Né il perché, né il dove
             e il per dove".

1883/2/11   Nel suo ultimo saggio incompiuto, Wagner cita Buddha e la
             sua accettazione delle donne nella comunità monastica

83

Bibliografia Selettiva

(in maiuscoletto opere particolarmente interessanti per questo tema)

Alsdorf, Ludwig, *Deutsch-Indische Geistesbeziehungen*. Heidelberg, 1942.

Anquetil-Duperron, Abraham Hyacinthe. *Oupnek'hat (id est, secretum tegendum)*. 2 vols. Vol. 1. Argentorati: Levrault, 1801

App, Urs, "Schopenhauers Begegnung mit dem Buddhismus." *Schopenhauer-Jahrbuch* 79 (1998): 35–58.

App, Urs, "Schopenhauer and China: A Sino-Platonic Love Affair." *Sino-Platonic Papers* 200, (2010): 1–160.

App, Urs, *The Birth of Orientalism*. Philadelphia: University of Pennsylvania Press, 2010.

App, Urs. "Schopenhauers Nirwana." In *Die Wahrheit ist nackt am schönsten. Arthur Schopenhauers philosophische Provokation*, a cura di Michael Fleiter. Frankfurt: Institut für Stadtgeschichte / Societätsverlag, 2010: 200–208.

App, Urs, *Richard Wagner und der Buddhismus*. Rorschach / Kyoto: UniversityMedia, 2011.

App, Urs, *Richard Wagner and Buddhism*. Rorschach / Kyoto: UniversityMedia, 2011.

App, Urs, *Schopenhauers Kompass*. Rorschach / Kyoto: UniversityMedia, 2011.

App, Urs, *The Cult of Emptiness*. Wil / Paris: UniversityMedia, 2012.

App, Urs, *Schopenhauer's Compass*. Wil: UniversityMedia, 2014.

Bassett, Peter, *Wagner's Parsifal: The Journey of a Soul*. Kent Town (South Australia): Wakefield Press, 2000.

Baudelaire, Charles. *Sur Richard Wagner. Richard Wagner et Tannhäuser à Paris*. Paris: Les Belles Lettres, 1994.

Bauer, Hans-Joachim und Forner, Johannes, *Richard Wagner. Sämtliche Briefe*. Leipzig: VEB Deutscher Verlag für Musik, 1986.

Borchmeyer, Dieter, " '...sehnsüchtig blicke ich oft nach dem Land Nirwana'... Richard Wagners buddhistisches Christentum." In: *wagnerspectrum* 2 (2007): 15–34.

Burnouf, Eugène, *Introduction à l'histoire du Buddhisme Indien*. Paris: Imprimerie Royale, 1844.

Dahlhaus, Carl, "Über den Schluss der Götterdämmerung". In: *Richard Wagner. Werk und Wirkung*. Regensburg, 1971.

Dauer, Dorothea W., "Richard Wagner's Art in Relation to Buddhist Thought". *Scripta Humanistica Kentuckiensia*. Supplement to the *Kentucky Foreign Language Quarterly* 7 (1964): 1–35.

Dauer, Dorothea W., *Schopenhauer as Transmitter of Buddhist Ideas*. Bern: Lang, 1969.

Duperron, Anquetil, *Oupnek'hat (id est, secretum tegendum)*. 2 Bände. Strassburg: Levrault, 1801–2.

Erismann, Hans, *Richard Wagner in Zürich*. Zürich: Verlag Neue Zürcher Zeitung, 1987.

Everett, Derrick, "Parsifal under the Bodhi Tree". *Wagner* 22 (2001): 67–92.

Fehr, Max, *Richard Wagners Schweizer Zeit* I-II. Aarau, 1934.

Guignes, C. L. J. de, *Histoire générale des Huns, des Turcs, des Mogols, et des autres tartares occidentaux, & c. avant Jésus-Christ jusqu'à présent*. Paris: Desaint & Saillant, 1756-1758.

Hartwich, Wolf-Daniel, "Auslöschung. Richard Wagner und die buddhistische Mythologie des Jenseits" In: *wagnerspectrum* 2 (2007): 85–96.

Heckel, K., "Jesus von Nazareth — Buddha ('Die Sieger') Parsifal". *Bayreuther Blätter* (1891): 5–19.

Holtzmann, Adolf, *Indische Sagen*. Stuttgart, 1854.

Hübscher, Arthur, *Denker gegen den Strom. Schopenhauer: Gestern — Heute — Morgen*. Bonn: Bouvier Verlag Hermann Grundmann, 1973 (S. 286–291 über Schopenhauer und Wagner).

Kienzle, Ulrike, *Das Weltüberwindungswerk: Wagners 'Parsifal', ein szenisch-musikalisches Gleichnis der Philosophie Arthur Schopenhauers*. Laaber: Laaber Verlag, 1992.

Kienzle, Ulrike, " Tönendes Nirvāna. Von der musikalischen Aufhebung der Zeit in Wagners *Tristan* und *Parsifal*." In: *wagnerspectrum* 2 (2007): 35–53.

Koch, M., "Ausländische Stoffe und Einflüsse in Richard Wagners Dichtung". *Studien zur vergleichenden Literaturgeschichte* 3 (1903): 401–416.

Koeppen, Carl Friedrich, *Die Religion des Buddha und ihre Entstehung.* Berlin: Schneider, 1857.

Lamotte, Étienne. *History of Indian Buddhism from the Origins to the Shaka Era.* Louvain-la-Neuve: Institut Orientaliste, 1988.

LANCZKOWSKI, G., "Richard Wagner und Indien". In: Günther, H. O., *Indien und Deutschland.* Frankfurt a. M., 1956 (S. 23–44).

Lanczkowski, G., *Die Bedeutung des indischen Denkens für Richard Wagner und seinen Freundeskreis.* Marburg: unpublizierte Dissertation, 1948.

Lubac, Henri, *La rencontre du Bouddhisme et de l'occident.* Paris: Aubier, 1952.

Magee, Brian, *The Philosophy of Schopenhauer.* Oxford: Clarendon Press, 1983. (Appendix 4: A Note on Schopenhauer and Buddhism, S. 316-321 ; Appendix 6: Schopenhauer and Wagner, S. 327-378).

Mertens, Volker, " 'Göttliches Gangesland'. Die 'Indomanie' der Romantik und Richard Wagner." In: *wagnerspectrum* 2 (2007): 55–83.

Nagao, Gadjin, *Mâdhyamika and Yogâcâra. A Study of Mahâyâna Philosophies.* Albany NY: State University of New York Press, 1991.

Oldenberg, Hermann, *Buddha, sein Leben, seine Lehre, seine Gemeinde.* Berlin, 1881.

Osten, Manfred von, "Richard Wagner als Buddhist". In: Karl Ridderbusch, *Richard-Wagner-Seefestspiele Haltern, Programmheft.* Haltern: Kulturamt, 1994, S. 41–48.

OSTHOFF, Wolfgang, "Richard Wagners Buddha-Projekt 'Die Sieger'. Seine ideellen und strukturellen Spuren in 'Ring' und 'Parsifal'". *Archiv für Musikwissenschaft* 40: 3 (1983): 189–211. Nachdruck: Zürich, Museum Rietberg, 1996.

Panagl, Oswald, "Wege und Umwege eines musikdramatischen Entwurfs: 'Die Sieger' und 'Parsifal'. In: Wolfgang Wagner (Hrsg.), *Programm der Bayreuther Festspiele 1994.* Bayreuth: Bayreuther Festspiele, 1994: S. 88–96. Englische Übersetzung S. 97–104.

Parker, D. C., "Wagner und Buddha". *The Buddhist Review* 1 (1909): 184–191.

Schiefner, Franz Anton, "Eine tibetische Lebensbeschreibung Cakjamuni's, des Begründers des Buddhatums", *Mélanges Asiatiques tirés du Bulletin Historico-Philologique de l'Académie Imperiale des Sciences de St. Pétersbourg* 1: 4 (1851).

Schopenhauer, Arthur, *Der handschriftliche Nachlaß*. A cura di Arthur Hübscher. München: Deutscher Taschenbuch Verlag, 1985.

Schwab, Raymond, *La Renaissance orientale*. Paris, 1950 (su Wagner: pp. 459-466).

Sedlar, Jean W. *India in the Mind of Germany*. Washington, D.C.: University Press of America, 1982.

Slepčevic, Pero, *Buddhismus in der deutschen Literatur*. Wien, 1920.

Suneson, Carl, *Richard Wagner und die indische Geisteswelt*. Leiden: E. J. Brill, 1989.

*Tagliabue, Giorgio, *Wagner e il nirvana*. Milano: Albatros, 2022.

Wagner, Cosima, *Die Tagebücher*. Bd. 1 1869-1877;. Bd. 2 1878-1883. A cura di Martin Gregor-Dellin. München, 1976–77.

Wagner, Richard, *Gesammelte Schriften und Dichtungen*. Leipzig: E. W. Fritzsch, 41907.

Wagner, Richard, "Skizze zu 'Die Sieger'". In: *Nachgelassene Schriften und Dichtungen von Richard Wagner*. Leipzig: Breitkopf und Härtel, 1902 (S. 161–162).

Wagner, Richard, *Das Braune Buch*. A cura di Joachim Bergfeld. Zürich: Atlantis, 1975.

Wagner, Richard, *Mein Leben*. A cura di Martin Gregor-Dellin. München: Piper, 1983.

Wagner, Richard, *Richard Wagner an Mathilde Wesendonk. Tagebuchblätter und Briefe 1853–1871*. A cura di R. Sternfeld. Berlin, 1904.

Wagner, Richard, *Richard Wagner an Mathilde und Otto Wesendonk. Tagebuchblätter und Briefe 1853–1871*. A cura di Julius Kapp. Leipzig: Hesse & Becker, senza anno (1915).

Waldschmidt, Ernst, "The Influence of Buddhism on German Philosophy and Poetry". *University of Ceylon Review* 21 (1963): 1–13.

Welbon, Guy Richard, *The Buddhist Nirvana and its Western Interpreters*. Chicago, 1968 (über Wagner und Buddhismus v. a. S. 171-184).

Wicks, Robert, "Arthur Schopenhauer's Bronze Buddha: Neither Tibetan nor Thai, but Shan." *Schopenhauer-Jahrbuch* (2011): 307-316.

Wolzogen, Hans von, "Über Richard Wagners 'Sieger'". *Bayreuther Blätter* 48:4 (Weihnachten 1925): 165–173.